Joseph Weber

Abhandlung vom Luftelektrophor

Joseph Weber

Abhandlung vom Luftelektrophor

ISBN/EAN: 9783744638753

Hergestellt in Europa, USA, Kanada, Australien, Japan

Cover: Foto ©ninafisch / pixelio.de

Weitere Bücher finden Sie auf **www.hansebooks.com**

Joseph Webers,
Weltpriesters, der Weltweisheit Doktors, der
Churfürstlichen Akademie der Wissenschaften in
München, und der sittlich = landwirthschaft-
lichen Gesellschaft zu Burghausen
Mitgliedes

Abhandlung
von dem
Luftelektrophor.

Zwote Auflage.

Mit neuen Erfahrungen, neuen Instrumenten
und mit einem Unterrichte von Zubereitung
der brennbaren Luft vermehrt und
bereichert.

Ulm,
bey Johann Conrad Wohler,
1779.

Luftelektrophor. (*)

Man wollte Herrn Weber die Ehre dieser Erfindung streitig machen; allein sie war schon öffentlich in der Welt bekannt, und von unserer Akademie belohnt, ehe das, was er selbst S. 212 vom Pappendeckel anführt, als eine neue Erfindung von andern ausgeposaunet ward. Warum mag ihn wohl ein Physiker, bey der Erzählung seiner Versuche, nicht genannt haben? Neue philosoph. Abhandl. der baier. Akad. der Wissensch. erster Band, 1778. Inhalt. 4. Jos. Weber vom Luftelektr. (*)

Veniet tempus, quo ista, quae modo latent, in lucem dies extrahat — — — veniet tempus illud, quo posteri nostri tam aperta nos nescisse mirentur.

Seneca nat. quaest. L. 7.

Vorrede.

So lange es auch hergeht, bis man die Natur belauscht, und ihre geheimen Handlungen entdeckt, so muß man es doch immer bekennen, daß wir allemal noch glücklicher gewesen sind, Thatsachen zu erfinden, als die wahren Ursachen davon anzugeben. Unsere Sinne sind zu stumpf, als daß wir den innern Bau der Körper erforschen, und die Einrichtung seiner Bestandtheile beschauen könnten: darum werden auch unsere Erkenntniß-kräfte immer zu ohnmächtig seyn, die wahren Quellen der wundersamen Erscheinungen in der Natur zu ergründen, und durchzusehen. Es sind daher die verwunderungswürdigen Begebenheiten in der Natur jederzeit eine Demüthigung für den Verstand des Menschen, der oft aus eitler Wißbegierde seine Gränzen nicht erkennen will. Gewiß Kleinigkeiten in der Natur machen oft den Weisesten bey dem tiefsten Nachdenken zu Schanden, und bey Millionen Gegenstände, die wir entdecken, sehen wir zwar ein, daß sie weise sind; allein selten gelingt es uns, die wahren Ursachen ihrer Wirkungen anzuzeigen, und noch seltener, ihren wahren Endzweck, ihre Verbindung mit der Körperwelt und ihren einzelnen Theilen zu bestimmen.

Es wird daher schon bey dem bleiben, was auch andre längst angemerkt haben: In der Physik kömmt es pur auf das Glück an, daß einer der Natur nähere Eigenschaften abräth. — Oder wird wohl jemals ein Sterblicher den Vorhang wegnehmen, den der Schöpfer über den Ursto ff der Dinge gezogen hat? — Man hat nur seit Gilberts Zeiten tausend Entdeckungen in der Elektrik gemacht; allein wie viele sind wohl noch zu machen übrig? Man bessert seit des du Gray und des du Fray Zeiten an dem elektrischen Systeme aus, und ist es wohl schon zur Vollkommenheit gelangt? — Wenn sich nun nach einem Zeitraume von so vielen Jahren unsere Einsicht in die Natur so wenig entwickelt, wenn sie sich so

lang-

Vorrede.

langsam aufheitert, in Untersuchung eines einzigen Gegenstandes, der uns doch so nahe vor Augen liegt, welche Zeit wird nicht erfordert, die ganze Natur zu enthüllen, und ihre Vollkommenheiten durchzusehen! —

Nun bleibt es aber doch wahr, daß bey jeder Entdeckung, die man in der Natur macht, allemal eine neue Vollkommenheit des Schöpfers, des göttlichen Urhebers hervorschimmert. Bald wird seine Allmacht, bald seine Güte, jetzt seine Weisheit, und ein andersmal seine Vorsicht gepriesen. — Die elektrischen Erscheinungen gehören gewiß zu dieser Art. Jeder Funke, der aus einem elektrisirten Körper fährt, erwärmt unsere Liebe gegen den Schöpfer, und belebt unsere Hochachtung für die schöne Natur. Ursache genug, daß man ihren heimlichen Handlungen nachspüre, und die entdeckten unter seine Nebenbürger verbreite!

Die elektrischen Versuche haben aber ihren Nutzen besonders in der Physik, die Meteorologie gewinnt insonderheit recht vieles dabey. Man sieht da die kleinen Instrumente blitzen, man hört das Donnern, es schlägt ein, der Donnerschlag entzündet, und entzündet nicht; — alles, was die Natur im

Großen wirket, das ähmet man im Kleinen nach. a)

Beym Nordscheine kann man der Elektrik gewiß ihre Wirkung nicht ganz absprechen, wenn man ihr schon die Ursache seines Entstehens auch nicht gänzlich einräumt: das nämliche läßt sich bey den Irrlichtern oder

---

a) Der Entstehungsart jener Erscheinungen, die man bey einem Gewitter wahr wird, giebt der Luftelektrophor gewiß ein neues Licht. Fährt über diesen Elektricitätträger eine mit Katzenbalge bewaffnete Hand, so hört man krachen, und tausend Funken durchkreutzen die Luft. Genug also, daß eine unelektrisirte Wolke über eine elektrische hinfährt; dann fahren Blitze aus, Erde und Luft beben vom Donner.

b) Bey dem Volke nennt man sie feurige Männer, oder Mooßgeister, die sich um die Gränzenscheide schlagen; denn wenn es so natürlich damit hergeht, sagen die Landleute, warum laufen sie dem Wanderer nach, wenn er vor ihnen flieht, oder warum entfliehen

Vorrede.

Irrwischen, b) bey den fliegenden Drachen, brennenden Balken, feurigen Kugeln, hüpfenden Ziegen u. d. gl. vermuthen.

Und wäre es etwan etwas Nagelneues in der Physik, wenn man das Ausdünsten der Erde, und der übrigen Körper, von dem man schon

so fliehen sie, wenn man ihnen beherzt entgegen geht? — Allein auch diese Erscheinung ist ganz natürlich. Das leichte bewegliche Feuer der Irrwische folgt dem Zuge der Luft. Wer flieht, der zieht die Luft nach sich, und mit ihr das Irrlicht. Geht man aber darauf los, so stößt man die Luft vor sich, und folglich auch den Irrwisch; das Irrlicht scheint daher im ersten Falle den Wanderer zu verfolgen, im zweyten vor ihm zu fliehen. — Aber diese feurigen Dinge erscheinen nur auf Kirchhöfen und auf dem Moose? — Wohl! da sind eben die zur Elektrik tauglichen Dünste häufig, die schweflichten Dämpfe können sich leicht entzünden, und wenn sie sich in die Höhe oder Länge ausdehnen, einen Irrwisch bilden.

so viel wunderliches Zeug geschrieben hat, der Elektricität als einer hauptsächlichen Ursache zueignete? c)

Sogar auf den Wachsthum der Pflanzen, Bäume, und der Feldfrüchten hat die elektrische Materie den unläugbarsten Einfluß. Nach einem Donnerwetter keimen die Saamen weit geschwinder, weit vollkommener als je nach einem Sommerregen; die Blüthen düften weit angeneh-

---

c) Nollet fand einen fünf Stunden lang elektrisirten Knaben um viertehalb Unzen ringer. Daß das Elektrisiren die Ausdünstung befördere, beweisen die Edimburgischen Versuche, und jene des Herrn Jallabert.

d) Nollet nahm zween Töpfe mit gleicher Erde gefüllt. Den einen besäete er mit fünf Stunden lang elektrisirtem Senfsaamen, den andern mit unelektrisirtem: nach drey Tagen erhob der elektrisirte schon seine Pflänzchen aus der Erde, da der unelektrisirte erst nach fünfzehen Tagen erschien. Da man nun aus dem Dunstkreise des Luftelektrophors wahrscheinlich vermuthen kann, daß sich die Atmos-

Vorrede.

nehmere Gerüche, selbst die Bäume, Wiesen und Saaten prangen mit gefälligerm Grün: die alltägliche Erfahrung bestättigt Nollets Versuch mit elektrisirtem Senffaamen. d)

Durch Versuche mit der Elektrik wird also die Lehre von den Lufterscheinungen vollkommner, und die Naturlehre mit neuen Beyträgen bereichert. Und vielleicht gewinnt die Arzneykunde e) noch am meisten dabey. Wirft man

Atmosphäre einer Gewitterwolke bis auf die Erde herab erstreckt: — Vers. 21 — so werden bey einem Donnerwetter alle Pflanzen elektrisch. Der Umlauf des Nahrungssaftes wird dadurch beschleunigt, und geschwinder in die äussersten Theile der Pflanzen hineingeleitet, und so wird die Entwicklung erleichtert und die Fruchtbarkeit befördert. Blätter, Zweige, Knospen und Blumen brechen früher aus, sie werden vollkommener, und gewinnen mehr Leben.

e) Die glücklichen Versuche auf gelähmte und mit Nervenkrankheit behaftete Glieder sind

man noch einen Blick auf den Einfluß des elektrischen Feuers in die thierischen Körper*) und
auf

zu bekannt, als daß man ihrer hier erwähnen dürfte. Daß die Elektrisirung Geschwulsten heile, welche sich Verſrdrung halber auf die Leibesglieder hingezogen, davon haben schon viele die Probe gemacht, und ich bin davon durch eigne Erfahrung überzeugt. Das Elektrisiren befördert die Transſpiration — Ausdünsten — und darum ist es mit gutem Erfolge im Husten, Schnupfen, und in d. Hypochondrie — hypochondria sine materia — angewendet worden. Die Elektricität beschleunigt den Umlauf des Bluts in dem menschlichen Leibe; denn der Puls schlägt bey einer elektrisirten Person in einer Minute 96 mal, wenn er bey ihr vor dem Elektrisiren nur 80 mal schlug. Daher geben es einige für ein Mittel gegen die Dickblütigkeit an, weil das Geblüt dünner und flüßiger gemacht wird. Auch jene, die mit Podagra behaftet sind, sollen sich eine Hülfe versprechen können, wenn es von einer Anhäufung des Blutes in den Füßen herkömmt, u. s. f. Daß die Elektrisirung Appetit mache, und den Schlaf beauf die Belustigung, die man bey den Versuchen hat, so muß ja Muth im Herzen auffeben,

―――――――――――――

beſondere, erfahren alle, die mit den elektriſchen Verſuchen ſich beſchäftigen, und noch mehr jene, die ſich der elektriſchen Kur unterziehen.

f) Im Jahre 1746 hat Hr. Profeſſor Arnold zu Königsberg in die hamburgiſchen gelehrten Berichte folgende Nachricht eingeſendet: Der Hr. Prof. Teske habe daſelbſt einen Studenten elektriſirt, der dieſe beſondere Eigenſchaft hatte, daß aus ſeiner Hand und Stirne ein Funke mit einem Stechen ausfuhr, ſo oft man dieſe Theile berührte. Man wurde jedesmal eine lichte Flamme gewahr, ſo oft jemand mit der bloßen Hand über ſeinen Arm, oder über ſeine Füße hinfuhr. Er ſchrie laut vor Schmerzen, wenn man die Hand neben ſeinen linken Arm bloß vorbeyſchwang; der rechte Arm ward aber von aller Empfindung frey, ſo oft man auch immer über ſelben wegfuhr. "Dieſer Student hatte ſich zum öftern gerühmet, wie er ſich nach dem Elektriſiren allemal ſo leicht befunden, und wie ſanft

‍ben, und rege Luft, Hand anzulegen, Versuche zu machen, und Entdeckungen hervorzubringen! ——

---

sanft er jederzeit darauf geschlafen habe. „ —— Herr Kastilhon in Bouillon wurde im Monate Merz 1768 ganz elektrisch. Wenn er seinen Leib gelind berührte, und über selben hinabfuhr, so brach an allen Seiten helle Flamme aus, seine Schultern, Lenden, Waden, und alle Theile seines Körpers wurden zu lautern Elektrophoren. —— In Schwaben kenne ich Augenzeugen von einer solchen Geschichte. „Eine gewisse Stiftsdame ward erst vor einem Jahre zu einem lebendigen Elektricitätträger, wo man sie berührte, brach Feuer aus: Mund und Nase wären Quellen, aus denen helle Flamme spritzte.“ Diese Leute wären ja verhert! „ Nein, Freund! uhser Säculum ist zu klug, als daß es so natürliche Zufälle übernatürlichen Ursachen zuschreiben sollte. Hexen sind im achtzehenden Jahrhunderte wahre Raritäten.

Vorerinnerung.

Beyfall, mit dem die Erfindung eines Luftelektrophors von den Herren Physikern aufgenommen worden, und Mangel an Exemplarien ist die Ursache dieser zwoten Ausgabe. Die neuen Versuche, welche dazu kamen, sind zwar nicht viele, sie sind aber wichtige. — Die schöne Erscheinung mit brennbarer Luft ist so ziemlich bekannt; allein wie vielen ist die Zubereitung derselben ein Geheimniß! — Ich füge daher die Beschreibung dieser Zubereitung, weil der Versuch in der Abhandlung vorkömmt, in einem Anhange bey.

Die Versuche selbst sind fast in der Ordnung, wie ich darauf gekommen bin, niedergeschrieben. Die Eintheilung in Abschnitre both sich auch von selbst an. Der erste Abschnitt enthält die Einrichtung des Luftelektrophors, der zweyte giebt Anleitung, wie man ihn brauchen soll, der dritte beschreibt die Zubereitungen zu den Versuchen ohne Aufsetzung einer Trommel, und derer Erfolge, der vierte jene Versuche mit Aufsetzung der Trommel, der fünfte Abschnitt erzählt, was ich für Materien zu dem Luftelektrophor angewendet habe, und wie sie von einander abweichen.

Was ich überhaupt von dem Luftelektrophor zu erinnern habe, ist, was sich schon aus der Benennung vermuthen läßt: Diese Art Elektricitätträgers macht nur seine Wirkung, wenn selber frey in der Luft hängt, liegt er auf einem flachen Körper auf, so ist es mit den Erscheinungen geschehen. Er weicht aber von den schon bekannten Elektrophoren auch in dem ab, daß er seine wirkliche Elektricität früher verliert, als je einer aus Harz oder Glas.

Was aber die Vollkommenheit, und die Mannigfaltigkeit der Versuche betrift, so ist es unläugbar, die herrlichen und auffallenden Erscheinungen, die man beym Luftelektrophor

trophor gewahr wird, sind weder bey der gewöhnlichen Maschine, noch bey einem andern bekannten Elektrophor zu erwarten.

Das Instrument selbst ist sehr einfach, und die Handgriffe sind überaus leicht, so daß man sich dreist versprechen darf, daß sich auch Frauenzimmerhände damit beschäftigen werden. g)

Und was gewinnt nicht der studirende Philosoph dabey, wenn er ohne allen Aufwand die Versuche, worüber vom Katheder gelesen wird, nachmachen, und so durch die Praxis tiefer in die Theorie eindringen kann?—

Bey den Versuchen, um sie recht lebhaft vorzustellen, kömmt es neben andern Erfordernissen so gar auf die Lage des Zimmers, worinnen man die Versuche anstellt, und auf die innere Beschaffenheit desselben an. Ich fand jenes Zimmer immer am tauglichsten, welches ziemlich hoch, mit einer Seite gegen Mor-

---

g) Die gnädige Fr. D* B* in M* geht hierinnen mit besondrer Geschicklichkeit zum Ruhm ihres Geschlechtes voran.

Morgen, mit der andern gegen Mittag liegt, das kein ordentliches Wohnzimmer ist, damit die darinnen enthaltene Luft durch die unmerklichen Ausdünstungen nicht angesteckt, und zu elektrischen Erscheinungen unbrauchbar gemacht wird; ich befinde mich zwar selbst mit meinen Instrumenten in einem Zimmer, das ich ordentlich bewohne, und das mehrere Personen betreten; allein die Erscheinungen sind des Tages über nur mittelmäßig vollkommen, erst auf den Abend, wo eingeheitzet wird, und ich mich ausser dem Zimmer beym Tische befinde, gewinnet die Luft eine Austrocknung, und das Zimmer wird geschickt zu den vollkommensten Erscheinungen.

Auch die Beschaffenheit der äussern Luft hat bey elektrischen Versuchen vielen Einfluß. Bey heiterm Himmel und trocknem Wetter sind die Erscheinungen allemal am vortreflichsten.

Und ist wohl eines jeden Hand gleich elektrisch? — —

Gelingen also die Versuche in der ersten Hitze nicht, so hat man keine Ursache zu verzweifeln: durch öftere Uebung bekömmt man eine Geläufigkeit in Anstellung der Versuche, eine Fertigkeit in Handgriffen, und endlich durch diese die Erscheinungen in ihrer Vollkommenheit.   Er

Erster Abschnitt.
Einrichtung des Luftelektrophors.

Man mache, nagle, über eine hölzerne Rahme, die drey Schuhe lang, und zween breit ist, eine Glanzleinwand, und trockne sie beym Ofen.

* Im Sommer vertritt die Sonne die Stelle der Ofenhitze.

1. Anmerkung. Ich habe gelbe und rothe Glanzleinwand gewählt; weisse oder ungebleichte machet die nämlichen Dienste, besonders wenn sie alt und abgeglättet ist. Es ist auch Wollzeug, Tuch, Papier, und Leder dazu brauchbar: bey gewissen Versuchen hat Plüsch Vorzug.

2. Anmerkung. Zum Austrocknen oder Wärmen habe ich ein senkrecht stehendes Gestell,

woran die Rahme des Elektrophors kann befestiget werden; ich setze selbes samt der aufgespannten Leinwand vor den Ofen hin, und lasse es die Stelle eines Hitzschirmes vertreten (Fig. 1. Tab. II.) dabey die Leinwand die Fähigkeit gewinnet, ein Elektrophor zu werden.

3. Anmerkung. Das Wärmen ist allerdings nothwendig; man müßte nur, wie ich, das Glück haben, eine alte, ausgetrocknete Leinwand zu bekommen. Ich kann mit meinem Elektrophor eine ganze Nacht Versuche machen, ohne ihn auch nur einmal zu wärmen.

Zweyter Abschnitt.
Vom Gebrauche des Luftelektrophors.

Will man Versuche machen, so bewaffne man die Hand mit einem Katzenbalge *) (der die Gestalt eines Handschuhes hat) und fahre damit über die Leinwand weg.

*) Schwarzer Katzenbalg, oder der Pelz einer wilden Katze hat Vorzug.

1. Anmerkung. Wird mit bloßer Hand über den Elektrophor hingefahren; so bekömmt man auch Wirkung, doch nur in einer sehr mittelmäßigen Vollkommenheit. Etwas lebhafter ist der Erfolg, wenn man sich statt der bloßen Hand eines Tuches aus Baumwolle bedienet.

2. **Anmerkung.** Statt des Katzenbalges kann man sich auch andrer Pelze mit Vortheil bedienen, besonders der Fuchsruthe.

3. **Anmerkung.** Das Gestell, woran der Elektrophor befestiget ist, muß so eingerichtet seyn, daß nur die Leisten der Rahme das Gestell berühren, und daß man dem Elektrophor sowohl die vertikale als horizontale Lage geben kann; (Fig. 1. Tab. I.) wenn man ihn nicht lieber über ein Paar Sessel legen will, so, daß ein Querbalken auf einem, und der andere auf einem andern Sessel ruhe.

Dritter Abschnitt.
Versuche mit dem Luftelektrophor ohne Aufsetzen der Trommel.

Erster Versuch.

Man lege einen Katzenbalg nur auf die Leinwand hin, und ziehe ihn an einem Ende darauf herum.

Erfolg.

Es erscheinen große Funken, und ein lautes Gepraßel erschüttert die Luft.

* Wer gerne sparet, mag sich hier und in den folgenden Versuchen eines lebendigen Katzenbalges, nämlich seiner Hauskatze bedienen. Man faßt selbe gesind bey den Füßen, und reibt mit ihrem Rücken die Leinwand. — Es knastert laut, und die übrigen Wirkungen sind merklich lebhafter.

Zweyter Versuch.

Der Elektrophor stehe senkrecht; die Hand schliefe in den Katzenbalg bis an den Daumen; dann fahre sie über den Elektrophor auch nur einmal hin.

Erfolg.

1. Es erscheinen Funken, die nebst ihrem lauten Prasseln in ihrer Figur etwas besonderes haben. — Sie sind so viele Kometen, die einen bleichen Stern, und in die Höhe gerichtete Schwänze haben: sie entstehen in einer fast gleichen Entfernung von einander, und lassen sich bey jeder einzelnen Reibung unausbleiblich sehen. Der Stern dieser kleinen Schwanzsterne ist oval, hält beyläufig drey Linien nach der großen Achse, zwo nach der kleinen: die Schwänze sind ein, zween, drey und oft mehrere Zölle lang.

2. Der Geruch, den man während dem Hin- und Herfahren empfindet, ist schweflicht.

3. Die Hand hat unter dem Reiben eine Fühlung, die wir haben, wenn unsre Hände im Spinnengewebe verwickelt werden; selbe hält oft Minuten lang an, wenn sich auch die Hand ganz

zurückzieht, daß der Elektrophor nicht mehr darauf wirken kann.

4. Kömmt man mit dem Kopfe dem Elektrophor nahe, so scheint ein kitzelnder Wind die Haare gegen denselben zu blasen; die Haare selbst werden hingerissen, und bekommen eine Richtung gegen den Elektrophor.

5. Während auf einer Seite der Leinwand gerieben wird, erscheinet auf der andern Seite eine zollange Feuerbürste, die ins Himmelblaue fällt.

Dritter Versuch.

Man fahre mit dem Balge etlichemal über die Leinwand hin; und nähere hierauf derselben einen Finger, oder einen andern spitzig zugehenden Körper.

Erfolg.

In einer Annäherung von fünf — auch sieben und acht Zollen schon zeigt sich ein Strohm von Feuer, der aus dem Finger in die Fläche fährt, das hochroth gefärbte Feuer gestaltet einen Kegel, der seine Spitze in dem Finger hat. Eigentlich sind es divergirende Stralen, die man fast zählen kann.

Die nämliche Erscheinung stellet die andre Seite

Seite des Elektrophors vor, welche nicht gerieben wird.

Vierter Versuch.

Man berühre die Fläche des Elektrophors nach dem Reiben, und lasse den Finger darauf eine Weile liegen.

Erfolg.

Anfangs wird man die vorige kegelförmige Bürste gewahr, die bald verschwindet; dann höret man noch ein stilles Prasseln, und mit diesem verschwindet alle Spur einer Elektricität in der ganzen Fläche.

* Man merket leicht, daß es bey diesen Versuchen Nacht seyn müsse; beym Tage, wenn das Zimmer nicht verfinstert ist, läßt sich nur Prasseln hören.

Fünfter Versuch.

Man wiederhole die Reibung, nähere dem Elektrophor den Finger, ziehe ihn aber schnell wieder zurücke, nähere ihn wieder, und ziehe ihn wieder zurücke, und das wiederhole man öfters.

Erfolg.

Allemal schimmert der schöne Feuerkonus; doch nimmt seine Größe immer ab.

Anmerkung. Der angenäherte Finger muß sich allemal gegen einen andern Punkt bewegen, sonst geht der Versuch nicht an.

Sechster Versuch.

Hält einer, während daß man auf der untern Seite des Elektrophors reibet, seine Hand der Oberfläche gegen über, so, daß alle Finger ausgestreckt gegen die Fläche sehen:

Erfolg.

So werden in einer Annäherung von drey vier Zollen alle Finger zu Quellen, aus denen unter Krachen dickes Feuer strömt.

Siebender Versuch.

Stelle man nun eine Verstärkungsflasche *) gerade vom Elektrophor über, die ihre Quaste (sie muß breit seyn, um geschwinder die Wirkung zu bekommen) auf einen Zoll an dem Elektrophor hat; (Fig. 2. Tab. I.) dann fahre man auf der andern Seite mit dem Balge die Fläche auf und ab.

*) Leidnische Flasche.

Erfolg.

Die Verstärkungsflasche [h] bekommt gar bald

---

[h] Meine Verstärkungsflasche ist ganz leer;

bald eine gewaltige Ladung, *) die man mit dem
Harzelektrophor auf oftmaliges Berühren kaum
zuwege bringt.

*) Ich habe mit einer Ladung dieser Art gemeinen,
aber ziemlich erwärmten Branntwein angezündet, und
damit ein kleines Häuschen in Brand gestecket.

1. Anmerkung. Die Verstärkungsfla-
sche wird bey diesem Verfahren **negativ** geladen.
Die Wirkungen sind übrigens ganz gleich mit den
Wirkungen einer andern Armatur, die man durch
Hülfe

nur Luft enthält sie. Die innere und äus-
sere Fläche hat eine starke Vergoldung: die
Oefnung des Zuckerglases ist mit einer hölzernen Scheibe n o (Fig. 1. Tab. II.) geschlossen, in deren Mitte eine gläserne Röhre c p hervorraget, welche an der Scheibe mit weissem Metallpapiere, oder einer
Stanniolstreife, auf einen halben Zoll umschlungen ist, und das durch Hülfe eines
Drates g n mit der innern Fläche eine
Verbindung hat. Auf der gläsernen Röhre
sitzt ein kleines Rohr aus Blech c d, welches mit einem langen b d und verkürzten
Arme a d versehen ist: der lange Arm
b d hält etwa sechsthalb Zolle, und die-
net zur bequemen Ladung, wenn man ein

Hülfe der gewöhnlichen Maschine oder mit dem Harzkuchen lädt.

2. **Anmerkung.** Die Ladung wird auch **positiv**, wenn man den Deckel aufsetzet, und wieder erhebet, wie beym gewöhnlichen Elektrophor. Bequem läßt sich der Versuch so anstellen. Man lasse ein Instrument machen, so wie es die Figuren 6, 7, 8, Tab. II. vorzeigen: e d (Fig. 8. Tab. II.) ist eine Stütze, die mittelst der Schraube g erhöhet oder erniedert werden kann, so, daß der

Kügelchen q an einem Drate davon herabhängt. Der kurze Arm a d ist nur zween Zölle lang, und taugt zur Verbindung. Diese blecherne Röhre kann durch eine kleine Kette l o, daran ein gläsernes Haarröhrchen e l fest gemacht ist, mit der innern Fläche verbunden, und die Verbindung wieder aufgehoben — gesperret — werden. Diese Art Flaschen ist zum Hin- und Hertragen, Einpacken u. d. gl. sehr bequem: sie sind einer stärkern Ladung fähig, als eine mit Metall gefüllte, und sie haben noch dazu dieß voraus, daß sie nicht **verspringen**, vermuthlich, weil das Drücken und Gegendrücken innerhalb einer leeren Flasche auf allen Seiten gleich ist.

28 **Abhandlung**

der Deckel D (Fig. 7. Tab. II.) allemal die Leinwand ohne großen Druck berührt. Die Stütze i f. hat die vorige Einrichtung, und diese Absicht, daß beym Erheben des Deckels kein Stoß an den Leiter a b q (Fig. 6. Tab. II.) und kein Sturz der Flasche A geschehe; doch ist auch dieser Gefahr vorgesehen, wenn man statt des unbeweglichen Leiters a b q, bey b eine kleine Kette anhängt, und die Stütze i f gar wegläßt. Bey c ist der Ruhepunkt, um den sich der Hebel a b bewegt. Dieses Instrument mag auf einem Tischchen G durch Hülfe einer Schraube i festgemacht, und dem Elektrophor so genähert werden, wie es die Figur darstellet. Der Elektrophor, so über zwey Tischlein liegt, wird mit zween Riegeln g, g befestigt, — mit einem Katzenbalge von untenher gerieben, und dann wird die Trommel D durch Hülfe des Hebels a b niedergelassen, berührt, und in die Höhe gehoben, bis es den Leiter q erreicht, und selbem seinen Funken mittheilt.

Achter Versuch.

Man mache auf Fränklins Vierecke, das weckenförmig durchschnitten ist, einen Drat, der etliche Zölle in der Länge hält, z. B. mit Wachs fest: halte es mit einer Hand gegen die Leinwand parallel, mit der andern Hand reibe man die untere Fläche.

Erfolg.

Erfolg.

Es erscheinen unzählig viele Blitze, und die Metallfläche empfängt gar bald eine starke Ladung.

Anmerkung. Die gegen den Elektrophor gekehrte Metallfläche erhält, wie die Flasche (7. Vers. 1. Anmerk.) eine negative Elektricität.

Neunter Versuch.

Man schreibe mit Metallblättchen, die mit einer Nadel durchkreuzet sind, oder mit weckenförmigen Stanniolblättchen (Fig. 5. Tab. II.) einen Namen auf Glas, befestige bey d am Ende des Wortes einen Stift a b (8. Vers.) und halte selben gegen den Elektrophor.

Erfolg.

Bey jedem Auf= und Abfahren des Pelzes zeigt sich der Name im herrlichsten Bilde, daß man ihn deutlich lesen kann.

1. Anmerkung. So lassen sich auch Wappen und andere einfache Gemälde im Feuer vorstellen.

2. Anmerkung. Die Buchstaben müssen durch Metall= oder Stanniolstreifen c d, die nicht

nicht durchkreutzet oder unterbrochen sind, verbunden werden: der Anfang des Wortes a wird mit den zween Fingern gehalten, während, daß der Stift d b dem Elektrophor auf einen Zoll angenähert, und mit dem Balge gerieben wird.

Zehender Versuch.

Man gebe dem Elektrophor die horizontale Lage, daß er in der Luft schwebet, und stelle ein kleines Bergwerk aus Leinwand gemacht darunter; dann fahre man mit dem Katzenbalge über den Elektrophor weg.

Erfolg.

Die Wolke wird elektrisch, und fängt zu blitzen an. Die anderthalbe Schuhe abstehenden Hügelchen glänzen, kleine Stäubchen, die das Gebürg bedecken, schwingen sich, wie vom Winde ergriffen, in die Luft, und bey genauer Beobachtung stehet auf jedem Gipfel ein umgekehrter feuriger Kegel. *)

*) Man kann sich hier mit Recht die Berge in Peru und Chili vorstellen, über die eben eine Gewitterwolke herabhängt. Hamburg. Magazin.

Anmerkung.
Die mit Metall überzogenen Hügelchen glänzen nicht besser, als die unüberzogenen.

Eilfter Versuch.

Man lasse die elektrische Wolke tiefer zum Gebürge herabsteigen, daß dieses von jener nur noch ein Paar Zölle abstehet.

Erfolg.

Mit einem raschen Krachen fahren Blitze von den obersten Gipfeln aufwärts gegen die Wolke.

1. Anmerkung. Damit dieser Versuch öfters angehe, muß man durch die obern Theile der Bergspitze einen Metalldrat ziehen, der sich bis an den Fuß des Berges erstrecket.

2. Anmerkung. Stehet das Bergwerk auf der obern, mit Goldpapier überzogenen Scheibe eines gemeinen Harzelektrophors i), so wird die

---

i) Mein Harzelektrophor bestehet aus einer papiernen und mit Goldpapier überzogenen Ober = und Unterscheibe, (Fig. 2. Tab. II.) der Harzkuchen ist aus zween Theilen rothen Harzes und einem Theile Calfonium zusammengesetzet. Ich mischte auch Zinnober zum Färben daran, und Terpentin, daß er nicht springt. (Zu vier Pfund beschriebenen Hardie Scheibe stark elektrisch; berühret man die Ober= oder Unterscheibe gemeinschaftlich und zugleich, so empfindet man einen Schlag, der sich bis gegen den Ellenbogen zu erstrecket.

Bey diesem Versuche ist dieses merkwürdig, daß der Harzelektrophor eine ungemeine Verstärkung empfängt: man lese folgenden Versuch.

Zwölfter Versuch.

Ich bemerkte nach diesem Versuche bey Erhebung der Oberscheibe einen etliche Zolle langen

---

zes goß ich ein Loth Terpentinöl.) Der Durchschnitt des Kuchens hält 16 Zolle, die Dicke fünf Linien; die Wirkung ist ungemein groß; zween Zoll lange Funken sind die gemeinsten. Ich glaube, es kömmt bey einem guten Harzelektrophor gar viel auf das Sieden des Peches an: ich siede es in einem Topfe aus Erden, und gieße selbes auf einen kalten breiten Stein aus, davon es sich leicht wieder wegnehmen läßt: siede es ein andermal wieder, und gieße es wieder wie zuvor auf einer Steinfläche aus; endlich wende ich es erst zum Elektrophor an; und die Erfahrung überzeuget in der That, daß der Harzkuchen ungemein verbessert wird.

gen Funken. Ich wurde aufmerksam, und wiederholte das Aufsetzen und Erheben der Trommel abermal; der vorige große Funke erschien wieder. Mich ganz von der Sache zu überzeugen, überfuhr ich erst mit der bloßen Hand, dann auch mit einem Tuche den Harzkuchen, daß er beynahe alle Elektricität verlohr. Ich setzte das Bergwerk abermal auf die Trommel, hielt den Luftelektrophor darüber her, und rieb etlichemale mit dem Katzenbalge. Ich entlud die Trommel, hob sie etliche Zolle hoch über den Kuchen, und lockte den Funken heraus.

Erfolg.

Der Funke war wieder ungemein lang, von einer besondern Stärke, ausserordentlich rasch und hellleuchtend. Dieser große Funke nimmt auch nach fünfzigmaligem Aufsetzen und Erheben der Trommel kaum merklich ab.

Dreyzehender Versuch.

Ich ließ den Elektrophor wie im vorigen Versuche in der Luft schweben, und horizontal liegen, ich setzte in einem Abstande von sieben oder acht Zollen eine Verstärkungsflasche unter, die ihr blechernes Rohr gegen den Elektrophor in die Höhe gerichtet hielt.

Erfolg.

Bey jedem Vorbeyfahren auf dem Elektrophor umfährt den obern Zirkel der Röhre ein bewegliches gefärbtes Feuer, das eine Richtung gegen den Elektrophor, und gar oft eine Länge von einem halben Schuhe hat. Die Armatur selbst gewinnt zeitlich eine starke Ladung.

Anmerkung. So lassen sich mehrere Flaschen zu gleicher Zeit laden, wenn man sie neben einander dem Elektrophor untersetzet, oder selbe darüber herhalten läßt.

Vierzehender Versuch.

Ich habe einen anderthalb Schuhe hohen Thurm von dünnem Holze verfertigen lassen: In dem obersten Theile der Kuppel machte ich ein bauchigtes und mit einem langen Halse versehenes Glas fest, darein steckte ich einen halben Schuhe langen spitzig zugehenden Kupferdrat, der oben eine Krone c mit vielen Metallspitzen trägt, (Fig. 8. Tab. I.) von der Krone aus gehet ein Kupferdrat, der keine Fugen hat, an dem Gebäude herab, zolllange Balken f b, f b &c. aus getrocknetem Holze geben ihm die Richtung, daß er an den Wänden herabsteigt, ohne am Dache oder sonst wo an dem Gebäude

an-

anzustoßen. Das Ende des Drates leite ich in eine Pfütze, d. i. in eine Glocke, *) (die Einrichtung der Glöckchen wird in dem 35 Versuche beschrieben) den Thurm stelle ich unter die Wolke in einem Abstande eines Schuhes, und mache sie elektrisch.

*) Oder größerer Aehnlichkeit halber in ein mit Wasser gefülltes Glas, das auf einer Insel z. B. auf einer Glasscheibe stehet, von außen eine Vergoldung, und mit einer Glocke eine Verbindung hat.

Erfolg.

Beym ersten Wegfahren mit dem Katzenbalge, welcher die unelektrisirte Wolke vorstellet, funkelt die Spitze des Thurmes, und die Glöckchen spielen eine Fuge.

Anmerkung. Der Versuch geht auch auf eine andere Art von statten. Man nehme ein Gebäude aus Pappendeckel, und stelle auf die Dachung eine Metallspitze, ohne sie zu isoliren; von der Spitze leite man einen Drat an dem Gebäude herab, und verbinde ihn, wie oben, mit einer Pfütze. Es nähere sich die elektrische Wolke der Spitze auf einen Schuh. Gar bald läuten die Glocken.

*) Ist daraus nicht gewiß, daß das Metall der Leitfaden des elektrischen Feuers sey? — Man siehts ja hier

hier im Kleinen, wie die aufgestellten Spitzen die Gewitterwolke leer saugen, und die elektrische Materie durch den Drat in jenen Körper ausgießen, mit dem das Ende des Drates verbunden ist.

Anmerkung. Der Luftelektrophor ist zwar nur eine **negativ** elektrische Wolke; allein man sieht leicht, daß sich davon reden lasse, als wäre sie mit **positiver** Elektricität geschwängert.

Fünfzehender Versuch.

Der Elektrophor bleibe in der Luft horizontal hangen. Man lege kleine Figürchen, aus Papier geschnitten, darunter, und wiederhole die Reibung.

Erfolg.

In einer Entfernung eines halben Schuhes hüpfen sie während dem Reiben mit den artigsten Sprüngen in die Höhe, hängen sich in den wunderlichsten Stellungen aneinander an, und spielen oft vergnügende Pantomimen; läßt man aber mit dem Reiben nach, so springen sie den ordentlichsten Tanz.

1. Anmerkung. Legt man etliche Dutzend zerrissener Papierfetzchen darunter; so ist die Erscheinung dem Schneyen nicht unähnlich.

2. An-

2. Anmerkung. Will man einen goldenen Regen vorstellen, so dienen geschlagene Metallblättchen dazu. Diese schwingen sich in einer Annäherung eines ganzen Schuhes in die Höhe, hüpfen wieder herab, und vergnügen mit ihren Sprüngen.

Sechszehender Versuch.

Man bereite aus feinem Papier nagelförmige Fetzchen, die etwan fünf bis sieben Linien lang und ziemlich schmal sind, streue sie über den Elektrophor aus, und fahre mit dem Balge über die untere Fläche.

Erfolg.

Die kleinen Nägelchen richten beym ersten Wegfahren ihre Spitzen in die Höhe, kehren sich mit einem Sprunge um, und stehen auf die Köpfe, hüpfen wieder auf die Spitzen, schwingen sich endlich ein Paar Schuhe hoch in die Luft, und fahren wie Pfeile auf einen nahen Körper los, hängen sich da eine Zeitlang an, bis sie sich wieder trennen, und auf den Boden herabsinken.

Dieß ist nun die Gelegenheit zu folgenden sehr angenehmen Versuchen.

Siebenzehender Versuch.

Man raufe dem Katzenbalge weiße *) Haare aus **), rolle sie in ein Kügelchen zusammen, das etwan fünf Linien im Durchschnitte hat, und lege zwo von dieser Art über den Elektrophor, fahre endlich von unten mit dem Balge darüber weg.

*) Der Farbe ist eben keine besondere Kraft angehängt; schwarze Haare thun gleiche Dienste.

**) Baumwolle ist eben so dienlich.

Erfolg.

Die Kügelchen hüpfen in die Höhe, wälzen sich um, springen auf und ab, prellen aneinander an; entfernen sich weit von einander, kommen wieder zusammen, und wenn man ringförmig reibet, umtanzet eines das andere; sie scheinen zu raufen, und wieder einander zu umfangen.

*) Ist das nicht ein Bild von den feurigen Moosgeistern? —

Achtzehender Versuch.

Man gebe dem Elektrophor eine vertikale Stellung, und fahre darüber mit dem Balge weg, man lasse in einem Abstande eines Schuhes ein Haar- oder Baumwollkügelchen (17 Versuch) in einer geraden Richtung gegen die Erde fallen. Er-

Erfolg.

Das Kügelchen beschreibet eine Curva, fährt endlich mit einer Geschwindigkeit gegen den Elektrophor, hängt sich daran fest, und bleibt etliche Minuten daran hangen.

Anmerkung. Eine Kugel aus Baumwolle bleibt oft den ganzen Tag über hangen.

Neunzehender Versuch.

Man fahre, während daß das Haarkügelchen noch am Elektrophor hängt, auf der andern Seite langsam hinab und wieder herauf.

Erfolg.

Beym Hinabfahren entfernet sich das Kügelchen vom Elektrophor etliche Zolle weit, und hüpft hinauf: fährt man mit der Hand in die Höhe, so entfernt sich das Kügelchen wie zuvor, und hüpft etliche Zolle abwärts; bey jeder Wiederholung des Reibens hüpft das Kügelchen auf und ab, wie eine **hüpfende Ziege**.

Zwanzigster Versuch.

Man reibe den Elektrophor mit der einen Hand an seiner untern Fläche, und mit der andern bern Hand lasse man das Kügelchen auf den Elektrophor hinspringen, gleich darauf nähere man ihr den Finger.

Erfolg.

Das Kügelchen flieht, steht in einem Raume von etlich Zollen still, und wenn selbes der Finger verfolget, flieht es wieder, und so, wenn es recht gelinget, läßt sich das Kügelchen auf der ganzen Fläche herum jagen.

Am artigsten ist die Erscheinung, wenn man diese Haarkugel im Ernste mit dem Daumen und Zeigefinger fassen will; denn wenn der Elektrophor noch ziemlich elektrisch ist, kann man sie kaum erwischen.

Anmerkung. Läßt man statt des Haarkügelchens ein Metallblättchen in einer Entfernung vom Elektrophor gegen die Erde fallen, so wird es auch wie jenes gegen den Elektrophor hingerissen, mit diesem Unterschied, daß man es in einem noch so großen Abstande kann aus der Hand lassen. — Hier fiel mir eine Art ein, die Atmosphäre dieser elektrischen Wolke nach ihrer Ausdehnung ein wenig richtig zu bestimmen.

Ein und zwanzigster Versuch.

Man befestige ein kleines länglichtes Metallblättchen an einem drey Schuhe langen Stängchen so, daß ein Theil davon frey herabhängt, dann stelle man es vom Elektrophor gerade über, in einer Entfernung von vier, fünf — ja sieben Schuhen.

Erfolg.

Das Metallblättchen wird gegen den Elektrophor gereitzet, und angezogen. Wird der Elektrophor bewegt, so bewegt sich auch das Blättchen dorthin, wohin sich der Elektrophor bewegt. — Die Atmosphäre muß sich daher noch weiter erstrecken, weil sie in einem Abstande von sieben Schuhen auf einen Körper ihre Ziehkraft noch merklich ausübet.

1. **Anmerkung.** Wird das Goldblättchen auf jener Seite aufgehängt, wo man nicht reibet, so wird es eben so gegen die Fläche gezogen, und diese Seite ist auch zum Messen der Atmosphäre weit geschickter.

2. **Anmerkung.** Weil sich nun die anziehende Kraft dieses Elektrophors auf beyden Seiten sieben Schuhe weit erstrecket; so umglebt den E-

lektrophor — die Wolke — eine Sphäre elektrischer Ausflüsse, die vierzehen Schuhe im Durchschnitte hat.

*) Welchen Strom von Elektrik wird nun eine Gewitterwolke in der Luft ausdünsten? — Wie weit wird sich die Atmosphäre einer etlich Jauchert großen Wolke erstrecken? — Wir schwimmen gewiß in lauter elektrischen Ausflüssen bey einem Donnerwetter. Und klagen wir wohl nicht darum über die schwüle Luft, die unsere Kräfte abmattet, das Athemholen schwer und das Herz schmachtend machet, sobald sich die Gewitterwolken über unsere Häupter thürmen? —

**) Hierinnen liegt auch der Grund, warum ich in der Vorrede sagte: Bey einem Donnerwetter werden alle Pflanzen elektrisch.

3. **Anmerkung.** Wird das Metallblättchen an den Nebenseiten des Elektrophors gestellet, so wird es wie zuvor, doch in etwas kleinerm Abstande, angezogen, und dieses Ziehen erstreckt sich auf einen desto kleinern Raum, je kleiner der Winkel wird, den das Goldblättchen mit dem Elektricitätträger gestaltet. In der geraden Linie, in welcher der Elektrophor und das Goldblättchen steht, ist die Ausdehnung der Atmosphäre am kleinsten. Die Gestalt des Dunstkreises ist daher **ellipsförmig**, und seine Ziehkraft ist bey den **Polen** die stärkste.

Zwey

von dem Luftelektrophor.

Zwey und zwanzigster Versuch.

Bis daher ist der Elektrophor noch immer in der Luft frey gehangen, während daß man Versuche angestellet hat, was erfolget, wenn er auf einem flachen Körper aufliegt?

Man lege den Elektrophor auf einen flachen Körper, z. B. einen Tisch, so, daß die Leinwand auflliege, man fahre mit dem Katzenbalge darüber weg, einmal, öfters.

Erfolg.

Nicht das geringste Zeichen einer Elektricität wird man gewahr. Bey Annäherung des Fingers, und selbst bey der Berührung der Leinwand erscheint nicht das geringste Fünkchen.

Drey und zwanzigster Versuch.

Nun hebe man den Elektrophor in die Luft, ohne die Reibung zu wiederholen.

Erfolg.

Bey Annäherung eines Körpers erscheinen die vorigen großen Feuerkonen, und ein Metallblättchen wird abermal auf mehrere Schuhe angezogen.

*) Daraus nahm ich nun Gelegenheit, diese Art
Elek-

Elektricitätsträgers mit dem Namen Luftelektrophor zu belegen; folgende Versuche bekräftigen diese Benennung.

Vier und zwanzigster Versuch.

Ich nahm einen kleinen Luftelektrophor *), der zween Schuhe in der Länge, und anderthalbe nach der Breite hält, legte ihn auf den Tisch, daß der Zeug nach seiner Fläche auflag, und rieb mit dem Balge.

*) Er besteht aus einem alten schwarzen Wollzeuge, der über eine Rahme gespannt ist.

Nichts erfolgte, wie in dem vorigen Versuche.

Fünf und zwanzigster Versuch.

Nun hob ich ihn mit einer dem Tische parallelen Richtung in die Höhe:

Erfolg.

Dann zeigte sich eine Erscheinung, die ganz bezaubert. —— Auf allen Seiten der Rahme bricht eine Feuersäule aus, die mehrere Zolle lang ist. Darauf verschwindet alles Licht: gleich wieder kommen die Feuersäulen, und verschwinden wieder, und so machen sie zu fünf und sechs Pausen, bis sie endlich erlöschen. Nähert man hierauf einen Körper, so erscheinen abermal die großen

ßen Feuerbürsten, wie beym vierten und fünften Versuche.

Anmerkung. Wird dieser kleine Elektrophor über Plüsch geleget, so ist die Erscheinung am herrlichsten. Es erscheinet gar oft ein feuriger Kegel an drey, vier Orten der Rahme, der schier von einer Säule zur andern, d. i. anderthalb Schuhe reichet, doch verschwinden sie früher als jene, die nur halbe Schuhe lang sind.

Sechs und zwanzigster Versuch.

Den nämlichen Elektrophor hielt ich fest an die Mauerwand, daß die Leinwand unmittelbar an der Mauer anlag, rieb mit dem Balge die Fläche, und zog hierauf beede Hände zurück.

Erfolg.

Die Rahme blieb fest angeklebet hangen. Nach etlichen Sekunden sank sie langsam an der Wand herab zur Erde.

Anmerkung. Ich ließ hierauf eine dicke Rahme machen, die zu drey Pfunde wog, und wiederholte den Versuch. — Er gelang wieder; allein man muß darauf antragen, daß die Leinwand allemal nach ihrer ganzen Fläche an der Wand

Wand liege, und die Rahme genau daran passe.

*) Man staunet, wenn ein geriebner seidener Strumpf an der Mauer hangen bleibet. Verdienet diese Erscheinung nicht auch Verwunderung? —

Sieben und zwanzigster Versuch.

Nimmt man die Rahme schnell von der Wand in einer parallelen Richtung hinweg;

Erfolg.

So wird das Gesicht von Ausflüssen fast beleidiget, die Erscheinung entschädiget aber für die kleine Verunglimpfung; denn selbe ist hinreissend schön.

Acht und zwanzigster Versuch.

Man fahre über den kleinen Elektrophor mit dem Katzenbalge oder mit einer Fuchsruthe, während man ihn mit der Hand vom flachen Körper entfernt hält, so, daß der Balg ringsum an den Leisten der Rahme vorbeystreicht.

Erfolg.

Die ganze Rahme fängt zu schimmern an; das Parallelogramm erscheint deutlich im Feuer; und die beweglichen Feuerkonen, so ihre Spitzen in der Rahme haben, vergnügen das Aug.

von dem Luftelektrophor. 47

Neun und zwanzigster Versuch.

Man unterlege diesem Elektrophor einen durchbrochenen runden Schachteldeckel, und reibe darüber mit dem Balge.

Erfolg.

Es erscheinet ein brennender Zirkelbogen, der einwärts gerichtete Konen hat.

Anmerkung. Auf diese Weise lassen sich aller Art einfache Figuren angenehm vorstellen.

*) Ich wollte mit einem Korkkügelchen, das an einem Schuhe langen blauen Seidenfaden hängt, die Elektricität des Luftelektrophors ausforschen, die ich harzigt fand, da sich denn abermal ein Feld öfnete, zu Versuchen, die das Aug vergnügen, und den Physiker aufmerksam machen. Ich will einige davon hersetzen.

Dreyßigster Versuch.

Ich benahm dem Korkkügelchen seine Elektricität, die ich ihm mit einer Siegellackstange gab, stellte das Stängelchen, an dessen Arme es herabhängt, in einer Entfernung von vier Zollen dem vertikalen Elektrophor gegen über, und rieb hierauf mit dem Balge die untere Seite der Leinwand.

Erfolg.

Das Korkkügelchen kömmt in Bewegung,

der

der Faden bekommt eine schlangenförmige Windung, der untere Theil des Fadens schwillt in eine bauchigte Krümmung, die gegen die Leinwand gerichtet ist; der obere Theil des Fadens gewinnet auch eine Bauchung, die aber eine der untern entgegengesetzte Richtung hat, sie dehnt sich gegen das Stängelchen, von dessen Arme es herabhängt, aus. Der mittlere Theil der Seide gestaltet eine fast gerade Linie, in der das Korkkügelchen liegt; seine Stellung ist daher dem Buchstaben S ganz ähnlich.

Ein und dreyßigster Versuch.

Setzet man die Reibung fort:

Erfolg.

So ist es zum Lachen, wenn das wellenförmige Winden des Seidenfadens, und das muntere Springen des Korkkügelchens betrachtet wird.

1. **Anmerkung.** Das Korkkügelchen hängt sich an der Leinwand gar bald fest, und bleibt, nachdem man mit dem Reiben nachgelassen hat, Minutenlang daran hangen. Nähert man nun, während daß es anklebet, auf der andern Seite den Pelz dem Elektrophor, so verläßt es seinen Platz; kehrt man mit dem Balge wieder zurück,

zurück, so hängt sich das Kügelchen samt dem Faden wieder an, und auf diese Art läßt sich die nämliche Erscheinung öfters wiederholen. Ja man wird so gar gewahr, daß das Anndhern eines Körpers z. B. der Hand auf der andern Seite, und das Wiederzurückziehen den Faden mit dem Kügelchen zu einer Schwingbewegung verleitet; als wenn die Hand den Dunstkreis an das Kügelchen drückte, oder selben zwischen der Hand und dem Kügelchen zusammendrängte, ungeachtet eine Wand von Leinwand darzwischen steht.

2. **Anmerkung.** Hängt man mehrere Kügelchen von dieser Art auf, die an der Größe verschieden, hintereinander und nebeneinander hergestellet sind; so ist die Erscheinung unterhaltend. Man beobachtet so gar Veränderungen, wenn die Seidenfäden, woran die Kügelchen hangen, verschiedener Farbe sind. Eben so schnackisch ist der Versuch, wenn man pur Seidenfäden von verschiedener Farbe nebeneinander in einer Entfernung voneinander herabhängt, und sie dem Luftelektrophor nähert. Hängt man an einem Glasröhrchen leinene Fäden auf, so, daß sie eine Lage zwischen dem Elektrophor und einer Wand haben, so sieht man wieder neue Auftritte.

D   Zwey

Zwey und dreyßigster Versuch.

Man hänge einen Seidenfaden bey seinen zweyen Enden an dem Arme des vorigen Stängchens fest, und setze in dessen Krümmung eine beyläufig drey Zolle lange Figur, die aus Papier gemacht und etwan auch gemalt ist, nähere dieses Geräth dem vertikalen Elektrophor auf einen Schuh, und reibe mit dem Balge über die untere Seite der Leinwand. Nach der Reibung lege man den Balg weg, und nähere die blosse Hand der untern Seite des Elektrophors fast bis zum Anrühren; dann ziehe man die Hand zurück, und nähere sie wieder, das nämliche wiederhole man öfters.

Erfolg.

Anfangs während dem Reiben fängt die Figur zu wackeln an; läßt das Reiben nach, so kommt sie in Ruhe mit einer Neigung gegen den Elektrophor; bey der Annäherung der Hand aber, und derselben Zurückziehung fängt sich das Männchen wie willkührlich zu schwingen an, und macht eine Vorstellung, die man auf dem Lande Schaukeln heißt.

* Ich setzte eine aus Holz gemachte und gekleidete Figur, die über drey Loth schwer war, auf die Schlinge; und sie schaukelte auch; nur mußte ich das Geräth näher an den Elektrophor hinzurücken.

Drey

Drey und dreyßigster Versuch.

Ich füllte ein parallelogrammförmiges Geschirr mit Wasser, setzte einen Floß darauf, auf dessen Häuschen eine Fahne gegen den Elektrophor sah, beschwerte den Floß mit etlich lothen Gewicht, lagerte ihn in einer Entfernung eines Schuhes vor dem Elektrophor hin zur Abfahrt fertig.

Erfolg.

Der Floß verläßt das Gestad, und übersetzet mit einer Geschwindigkeit die See. Anfangs geht die Fahrt zwar ganz langsam, ihre Geschwindigkeit nimmt aber immer zu, je mehr die Entfernung abnimmt. Vielleicht nimmt auch die anziehende Kraft der Elektrik nach dem Verhältniße der Quadraten der Entfernungen ab.

Anmerkung.

Noch angenehmer wird der Versuch, wenn man das sogenannte Fischerstechen vorstellet. Ich bereitete zwey kleine Schiffchen aus Papier, das in Wachs getränket war; an deren Spitze stand ein Fischer; der den Fischerstößel vor sich hinaushielt, der Stößel geht vornen in einen breiten Knopf. —— Eines von diesen Schiffchen wird an das eine Gestade des Flußes, das andere an jenes, das an dem Elektrophor steht, gestellet, mit dem Katzenbalge wird auf der untern Fläche des Elektrophors auf= und abgefahren. Alsobald kömmt das entfernete Schiff in Bewegung, fährt in einer geraden Linie auf seinen Gegner los, der es gelassen an seinem Gestade erwartet, — und stößt ihn auf die Brust, daß das Schiffchen wackelt. Eben so artig ist folgender Versuch.

Vier und dreyßigster Versuch.

Ich gab einem Paar Figürchen, die aus Holz und gekleidet sind, Pfeilbögen in die Hand, legte aus feinem Papier geschnittene Pfeile, die etwa einen Zoll lang sind, darauf, stellte sie in einem Abstande von funfzehn auch sechszehn Zollen vor den Elektrophor hin, und hieß sie nach einem gewissen Ziele an dem Elektrophor zu schießen fertig seyn, rieb hierauf die untere Seite des Elektrophors.

Erfolg.

Die Pfeile regen sich, machen kleine Schwenkungen hin und her, als suchten sie den Zweck, und fahren endlich mit ungemeiner Geschwindigkeit gegen den Elektrophor.

Anmerkung.

Eben so angenehm ist der Auftritt, wenn man einen Baum aus Holz verfertiget, darauf ein Dutzend gemalter Vögelchen aus feinem Papiere legt, und während er in einer An-
näh=

näherung von einem Schuhe bey dem Elektrophor steht, auf der andern Seite reibt; denn beym ersten Hinabfahren mit dem Balge wird der Baum lebendig, und alle Vögelchen fliegen gegen den Elektrophor, setzen sich da ein bischen nieder, und kehren wieder auf die Aeste zurück.

Von dieser Art Versuche lassen sich hier noch zu hunderten anbringen. Ich will jetzt die schon bekannten Versuche mit dem **Glockenspiel, Abfeuern der Soldaten, Blitzscheibe** u. d. gl. anführen, die sich mit dem Luftelektrophor auf die bequemste Art, und ungemein schnell darstellen.

Fünf und dreyßigster Versuch.

Man bestimme dem Luftelektrophor samt seinem Gestelle einen eigenen Platz in dem Zimmer; der meine steht neben dem Ofen senkrecht (Fig. 1. Tab. I.) und vertritt die Stelle eines Hitzschirmes; er ist daher eines von meinen Hausgeräthen, und zugleich ein philosophisches Instrument. Diese Lage des Elektrophors scheint auch immer die vortheilhafteste zu seyn; denn er bleibt im Winter wenigstens beständig warm, und setzet sich eine Feuchtigkeit ein, so ist sie bald vertrocknet.

Stehe er nun beym Ofen: (Fig. 1. Tab. I.) fast gerade ober ihm an der Decke des Zimmers befestige man mit einer seidenen Schnur a einen Eisendrat, leite ihn zu einem Tische z. B. A, der an der Wand steht, und mache den Drat wie zuvor über ihm an der Decke a fest; eben so kann man ihn zu einem zweyten Tische B, und zu einem dritten C hinleiten.

Vor dem Elektrophor steht ein kleines Tischchen B (Fig. 2. Tab. I.) das bis zum Anfange der Leinwand reicht: auf das Tischchen wird ein leeres Zuckerglaß a b gestellet, darinnen eine metallene Röhre b e (*) befestigt hervorraget; diese Röhre hat einen Arm c d gegen den Elektrophor A ausgestrecket, daran eine breite Quaste d hängt.

(*) Man rolle bloß Papier über einen Cylinderstab und überklebe es mit Metallpapier, so ist eine Röhre fertig, die eben die Dienste, wie eine aus Sturz thut.

Beym Gebrauche wird der oberhalb befestigte Drat a herabgeleitet, und mit dieser Röhre bey e verbunden. —— Laßt uns nun dem Glockenspiele zuhören!

Auf dem Tische A (Fig. 3. Tab. I.) steht ein Gestell mit einem Arme, daran zwo Glocken hangen; eine hängt von einem Seidenfaden herab, die andere vom Eisendrat: Dazwischen hängt ein Schlegelchen an einem seidenen Faden befestigt. Man verbinde nun den herabhangenben den Drat, der zu dem Tische A geleitet ist, an einem Ende mit der Glocke g, die an einem seidenen Faden herabhängt, an dem andern Ende mit der Röhre e b (Fig. 2. Tab. I.) die ihre Quaste d an der Leinwand hat, und fahre auf der untern Seite der Leinwand mit dem Balge über die Fläche weg.

Erfolg.

Beym ersten Hinabfahren fangen die Glocken zu spielen an.

Sechs und dreyßigster Versuch.

Man verbinde den auf den Tisch B (Fig. 4. Tab. I.) herabhangenden Drat b mit Fränklins Quadrat bey g, worauf ein Soldat b seine Röhre gegen einen andern a, der mit der Unterfläche Gemeinschaft, gerichtet hält, und wiederhole die Reibung.

Erfolg.

Sie feuern gar bald muthig aufeinander los.

* Hier läßt sich der Versuch mit der brennbaren Luft auf die angenehmste Art anbringen. Die Zubereitung dieser Luft und die Beschreibung der Instrumenten dazu werde ich in dem Anhange beyfügen: man mache folgende Zubereitung.

Sieben und dreyßigster Versuch.

Man stelle auf Fränklins Vierecke q r bey dem Tische D (Fig. 6. Tab. I.) eine aus Holz oder anderer Materie gebildete Figur f g, die in der Hand eine metallene Ruthe a b hält, und mit dem Drate d, der über den Tisch D herabhängt, und zur Röhre e b geleitet ist, eine Verbindung hat. Die mit brennbarer Luft geladene Kanone C stehe so nahe an dem Glase q r, daß das Knöpfchen b der Ruthe a b auf etlich Linien an dem Knöpfchen d der Kanone absteht; — dann fahre man an dem Elektrophor auch nur einmal hinab.

Erfolg.

Des Augenblickes wird der Kanonier seine Ruthe nähern, und das Stück wird mit einem entsetzlichen Krachen losgebrannt.

1. **Anmerkung.** Bey diesem Verfahren hat man nebst dem, daß der Versuch sehr natürlich und unerwartet läßt, diesen Vortheil, daß man das Experiment ohne alle Gefahr anstellen kann.

2. **Anmerkung.** Die Kanone springt mit ihrer Lavete allemal ein oder zween Zolle beym Losschießen zurück.

Acht und dreyßigster Versuch.

Verbindet man mit dem Drate eine Glasscheibe

scheibe, deren obere und untere Fläche bis auf einen zollbreiten Rand vergoldet, und weckenförmig mit einem Stift durchschnitten ist:

Erfolg.

So erscheinen beym ersten Hin= und Herfahren des Katzenbalges Blitze in den natürlichsten Bildern.

Neun und dreyßigster Versuch.

Wird ein iselirter Teller aus Metall (Fig. 3. Tab. I.) mit dem Drate verbunden, liegen auf dem Teller kleine Figürchen, und hänget darüber ein anderer Teller, der mit den herumstehenden Körpern Gemeinschaft hat:

Erfolg.

So fangen sie mit dem Reiben zu tanzen an.

1. Anmerkung. Auf eben diese Weise läßt sich **Regnen** mit feinem Sande, **Hageln** mit größern Sandkügelchen, und **Schneyen** mit zersetztem Papiere vorstellen.

2. Anmerkung. Will man auf drey Tischen zugleich zur nämlichen Zeit Erscheinungen sehen, so verbinde man zum Beyspiel auf dem Tische A den herabhangenden Drat mit der Glocke, jenen, der über den Tisch B herabhängt, mit der Blitzscheibe, und jenen, der oberhalb dem Tische C befestiget ist, mit dem Teller.

Alsbald spielen dort die Glocken, hier funkeln die Blitze, und wieder dort tanzen die Figürchen.

3. Anmerkung. Nach den Versuchen hängt man die Dräte an krummen Haften F. F. F. F. (Tab. I.), die dazu an der Wand fest sind, ein.

Vierzigster Versuch.

Man lege einen mit Metall überzogenen Papierbogen über eine Fläche, und auf den Metallbogen den Luftelektrophor.

Erfolg.

Unter dem Reiben erscheinet nichts. Beym Aufheben des Luftelektrophors erscheinet abermal nichts; —— nur das wird man gewahr, daß der Metallbogen an dem Elektrophor stark ankleber.

Ein und vierzigster Versuch.

Man lasse den Elektrophor nach dem Erhöhen mit einer Leiste auf dem Tische aufliegen, daß die Leinwand mit der Tischfläche einen Winkel macht, man berühre jene Seite des Elektrophors, an der das Papier wirklich hängt, und jene, welche unbedeckt ist: man berühre sie öfters, man nehme endlich den Metallbogen herab, und nähere abermal der Fläche den Finger.

Erfolg.

von dem Luftelektrophor.

Erfolg.

Bey der ersten Berührung des Metallbogens oder der Leinwand fährt ein kleiner Funke mit einem Knicken aus, wie aus einer kleinen positiven Verstärkungsflasche, bey dem zweyten und dritten Anrühren erscheinet nichts: beym Abnehmen des Metallpapiers muß man eine gewisse Gewalt anwenden. Bey der Trennung selbst erscheinen unzählig viele Funken; wird endlich nach dieser Trennung ein Körper angenähert, so zeigen sich abermal große Feuerbürsten.

Anmerkung. Beym Aufheben des Elektrophors erscheinen in diesem Falle keine Funken, wenn nicht zuweilen an dem Rande des Papiers etwas von Feuer sich äussert.

* Das Aufliegen eines einzigen Bogen Papiers kann daher schon der Wirkung Einhalt thun. Eine neue Bestättigung, daß dieser Elektrophor ein Luftelektrophor sey!

Zwey und Vierzigster Versuch.

Man bediene sich eines gemeinen Bogen Papiers statt des metallenen, und wiederhole den Versuch.

Erfolg.

Die vorigen Erscheinungen. Nur dieß ist etwas besonders, daß bey Berührung der Leinwand.

wand, worauf das Papier liegt, kein Knicken bemerkt, sondern ein stilles Prasseln gehört wird. Das nämliche beobachtet man bey der unmittelbaren Berührung des Papiers.

Drey und vierzigster Versuch.

Unterlegt man der Leinwand zween Bogen Papiers, wovon einer glatt, der andere mit Metall überzogen ist, und liegt der metallene unmittelbar an dem Elektrophor:

Erfolg.

So bleibt der pur papierene beym Aufheben auf dem Tische liegen, das ausfahrende Fünkchen aus dem anklebenden Metallbogen wird dem Finger empfindlich, und nach der Abnehmung des metallenen Papiers von dem Elektrophor, giebt dieser weit größere Funken von sich.

1. **Anmerkung.** Rühret aber der pur papierene die Leinwand an, so bleibt der metallene auch beym Erhöhen hangen; doch rollet er bald über den andern unter einer Erscheinung von tausend Sternen herunter. Der papierene Bogen sumset beym Anrühren ein bischen, und dann schweigt der ganze Elektrophor.

2. **Anmerkung.** Es lassen sich noch vie-

von dem Luftelektrophor.

le angenehme Versuche mit diesen Bogen machen. Besonders ist jener unterhaltend, wenn man den Bogen von Metall über den Luftelektrophor leget, während daß er in der Luft schwebet; denn unter dem Reiben wird er an den Enden fein versilbert, und schlägt beym Berühren einen empfindlichen Funken, der sich dutzendmal wiederholen läßt, wenn man das Papier an einem Ende fasset, in die Höhe hebt, und wieder fallen läßt, nebst andern abändernden Erscheinungen beym Erheben dieses Metallbogens.

3. Anmerkung. Es wird gleich jedem einfallen, daß dieser Metallbogen die Stelle einer Trommel vertritt, die beym Aufsetzen oder Darunterlegen desselben eine Ladung empfängt, die beym Berühren in einen Funken ausbricht. (*) Wir wollen aber eine förmliche Trommel auf den Luftelektrophor setzen: was erfolgen für Erscheinungen? —

(*) Hat man auf den Luftelektrophor eine förmliche Trommel gesetzet, und wieder weggenommen, so erscheinet selten mehr bey Annäherung des Fingers eine Feuerbürste, wohl aber wenn der Bogen weg ist. — Vers. 41 — Die Ursache davon läßt sich aber leicht einsehen.

Vierter

Vierter Abschnitt.
Versuche mit Aufsetzung der Trommel.

Vier und vierzigster Versuch.

Man gebe dem Elektrophor die horizontale Lage so, daß die Rahme nur an den zwo letzten aufliege: man fahre mit dem Katzenbalge etlichmal darüber weg, und setze die Trommel (*), so an drey seidenen Schnüren hängt, darauf.

(*) Meine Trommel ist ein etlich Linien dicker aus Papier zusammengeleimter Deckel, an dem Rande wohl abgerundet, und mit Goldpapier überzogen; im Durchschnitte hat sie funfzehen Zolle, jene aber zum kleinen Luftelektrophor hat zwölf Zolle.

Erfolg.

An fünf, sechs und noch mehr Orten bricht eine feurige Pyramide aus, die aber so geschwind erlöschet, als das Feuer der Kanonen, die man ringsum auf den Wällen losbrennt.

Fünf und vierzigster Versuch.

Man nähere der aufgesetzten Trommel den Finger.

Erfolg.

Bey der Annäherung von vier = auch fünf Zollen bricht ein Feuerkonus aus, dessen Spitze im Fin=

von dem Luftelektrophor.

Finger, und die etlich Zolle breite Basis an der Trommel ist. Während dieses Hinströmens auf die Trommel umwallet ein Fluß vom elektrischen Feuer den Rand der Trommel, und machet die herrlichste Erscheinung.

Sechs und vierzigster Versuch.

Man rühre die Trommel endlich mit dem Finger an.

Erfolg.

Es erscheinet ein hellleuchtender Funke mit einem empfindlichen Knicken.

1. **Anmerkung.** Die papierene Trommel macht beym Berühren die artigsten Erscheinungen: Blitze umschlängeln den Rand, und unzählige Sterne schimmern um den Berührungspunkt umher.

2. **Anmerkung.** Beym Berühren der Trommel mag man die Leiste des Elektrophors mit anrühren, oder nicht, es erfolget das nämliche.

Sieben und vierzigster Versuch.

Man hebe die Trommel an ihren Schnüren in die Höhe, daß sie einen halben Schuh beyläufig von der Leinwand abstehe, und berühre sie wieder.

Erfolg.

Erfolg.

Es fährt ein großer Funke aus, der den Finger empfindlich erschüttert.

1. Anmerkung. Der erste Funke ist gemeiniglich zolllang: die übrigen nehmen unmerklich ab; doch verschwinden sie nie gar, wenn man auch hundertmal das Aufsetzen und Erheben wiederholet.

2. Anmerkung. Der ausfahrende Funke hat ein Verhältniß mit der Größe der Trommel: die fünfzehn Zolle im Durchschnitte hat, giebt einen merklich größern von sich, als jene, die nur zwölfe hält.

Acht und vierzigster Versuch.

Man wiederhole die Reibung, während daß der Elektrophor horizontal liegt, man nähere die Trommel demselben in einem Abstande eines Schuhes, und berühre sie.

Erfolg.

Ein kleines bleiches Fünkchen mit einem sanften Knicken wird man gewahr.

Anmerkung. Das nemliche erfolget gar oft bey einer Annäherung von **neun, zehen und mehrern Zollen.**

Neun

von dem Luftelektrophor.

Neun und vierzigster Versuch.

Man erhebe die Trommel auf ein paar Zolle.

Erfolg.

Es erscheinet beym Berühren wie zuvor ein stilles Fünkchen.

Anmerkung. Will man diesen, und den vorigen Versuch wiederholen; so muß die Trommel immer mehr dem Elektrophor angenähert werden.

Fünfzigster Versuch.

Ich legte endlich die Leinwand auf einen flachen Körper, rieb mit dem Katzenbalge, und setzte die Trommel über den Elektrophor.

Erfolg.

Beym Aufsetzen der Trommel erscheinet nichts, eben so wird man weder beym Annähern des Fingers, noch beym wirklichen Berühren die Spur eines Lichtes gewahr.

Anmerkung. Wieder ein Beweis, daß dieser Elektrophor in der Luft frey schweben müsse, wenn er einige Wirkung äussern soll.

Ein und funfzigster Versuch.

Wird die Trommel von dem Elektrophor weg-

weggenommen, und in die Höhe gehaben:

Erfolg.

So erscheinet beym Berühren abermal nichts.

Anmerkung. Beym Berühren der in die Höhe gehobenen Trommel bemerket man bisweilen einen sehr kleinen Funken. — Entgehet darum seiner Benennung etwas? — — Der Harzkuchen heißt ja auch beständiger Elektricitätträger, obschon sein Feuer nach und nach erlöschet. Die folgenden Versuche widerlegen den Einwurf.

Zwey und funfzigster Versuch.

Der Elektrophor liege auf einem flachen Körper, die Reibung werde wiederholet, die Trommel auf den Elektrophor gesetzet, und der Elektrophor sammt der Trommel in die Luft gehoben.

Erfolg.

Bey Annäherung des Fingers fährt aus ihm in einer Entfernung von mehrern Zollen ein Büschel Feuers. Beym Anrühren der Trommel bricht ein großer Funke aus, und während dieses Ausbruches wird die Trommel mit Feuer umstralet.

Drey

Drey und funfzigster Versuch.

Man erhebe die Trommel, und komme ihr mit dem Finger nahe.

Erfolg.

Die Trommel schlägt Funken, die man bey dem besten Harzkuchen kaum zu erwarten hat, sie sind zween bis drey Zolle lang; und oft geschieht es, daß die Trommel schon beym Erheben häufiges Feuer ausspritzet.

1. **Anmerkung.** Diese großen Funken nehmen erst nach oft wiederholtem Aufheben und Niedersetzen merklich ab, so zwar, daß bey diesem Verfahren die Wirkung des Elektrophors weit stärker ist, als wenn man ihn während dem Reiben auf keinen flachen Körper aufgelegt hat.

2. **Anmerkung.** Diese große Wirkung wurde ich allezeit gewahr, wenn ich mich einer Rahme bediente, die mit schwarzem Wollzeuge überspannet ist: selten aber bekam ichs im nemlichen Grade der Vollkommenheit mit der Glanz-Leinwand.

Vier und funfzigster Versuch.

Man lasse alles wie zuvor, nur lege man den Elektrophor sammt der aufgesetzten Trommel

mel auf den Tisch; man rühre sie an, ohne das Reiben wiederholet zu haben.

Erfolg.

Die Trommel äussert nicht das geringste Zeichen einer Elektricität.

Fünf und fünfzigster Versuch.

Man nehme sie vom Elektrophor weg, und nähere ihr den Finger.

Erfolg.

Nichts — gar nichts wird man gewahr.

Sechs und fünfzigster Versuch.

Ich legte die Trommel abermal auf den Elektrophor nieder, hob das ganze Geräth in die Luft, berührte die Trommel, während daß sie noch auf dem Elektrophor lag, und wieder, nachdem sie weggenommen ward.

Erfolg.

Allemal erscheinet ein großer Funke, mit einem lauten Krachen, und empfindlichen Knicken in der Hand.

Anmerkung. Lauter Beweise, daß diese Art Elektricitätträgers nur in der Luft, wie eine Gewitterwolke, ihre Elektricität ausübet.

Sieben

Sieben und fünfzigster Versuch.

Man lege den Luftelektrophor über einen Harzkuchen, der mit einem hohen Rande versehen ist, damit die Leinwand nicht gänzlich auf dem Harze auflige: man fahre mit dem Katzenbalge über die Leinwand etlichemale weg, und setze die Trommel darauf.

Erfolg.

Neben dem, daß der ganze zirkelförmige Rand des Harzelektrophors leuchtet, erscheinet beym Aufsetzen der Trommel — wenn sie gähling an den Rand stößt — ein lauter Funke.

Wird die Trommel berühret, so fährt aus ihr nur alsdann ein Funke, wenn sie beym Aufsetzen nicht an den Rand gekommen ist.

Anmerkung. Wird bey der Entladung der aufgesetzten Trommel der Rand des unten liegenden Elektrophors, und zugleich die Trommel berühret: so empfindet man in der Hand einen Schlag, den man beym Harzelektrophor empfindet, wenn der Rand der obern und untern Scheibe zugleich berühret wird.

Acht und funfzigster Versuch.

Man hebe die Trommel in die Höhe, und nähere ihr den Finger.

Erfolg.

Erfolg.

Es fährt ein Funke aus, den man bey einem guten Harzelektrophor, der anderthalb Schuhe im Durchschnitte hat, nicht erzielen kann: vier Zolle lange sind nichts seltenes.

1. **Anmerkung.** Wird auf der Trommel eine stumpfe Nadel befestiget: so fährt beym Erheben derselben wohl zu einem halben Schuhe ein ellipsförmiger Stral aus, der mit den verschiedensten Farben schimmert.

2. **Anmerkung.** Diese Erscheinungen lassen sich oft wiederholen, ohne merklich abzunehmen.

3. **Anmerkung.** Der Harzkuchen wird auch elektrisch, daß die aufgesetzte Trommel halbe Zoll lange Funken schlägt.

4. **Anmerkung.** Es zeigen sich bey diesem Versuche abändernde Auftritte, wenn man den Abstand des Luftelektrophors von dem Harzkuchen verändert, und das Aufsetzen der Trommel wiederholet. Besonders ist jener angenehm, wenn von dem Rande des untersetzten Harzelektrophors ein krachender Funke aufwärts gegen die Wolke fährt.

Neun und funfzigster Versuch.

Ich machte hierauf eine ganze neue Zuberei-

von dem Luftelektrophor.

reitung. Auf den Luftelektrophor, der auf dem Tische auflag, setzte ich den Harzkuchen, erhob die darüber gelegte Trommel, und lockte durch Annäherung des Fingers den Funken aus. Ich berührte die Trommel in einem Abstande von dem Elektrophor eines Schuhes, ohne die Hand am Rande des Elektrophors zu haben. Als nun der Finger dem Rande wieder nahe trat, bemerkte ich ein kleines Fünkchen, wie mans bemerkt, wenn der Harzelektrophor nur auf einer schlechten Insel steht. Ich wiederholte das Aufsetzen und Erheben der Trommel öfters, und jedesmal gab die untere Scheibe des Harzelektrophors einen —, aber nur schwachen Funken. Nachdem ich diesen Versuch etwan fünfzigmal wiederholet hatte, nahm ich den Kuchen weg, und setzte an seinen Platz auf den Luftelektrophor hin eine Trommel, berührte sie, hob sie in die Luft, und berührte sie da wieder.

Erfolg.

Jedesmal erschien bey der Berührung ein kleines Fünkchen.

Sechzigster Versuch.

Ich nahm hierauf die Rahme vom Tische weg, und setzte während daß sie in der Luft hieng, die Trommel darauf.

Erfolg.

Abhandlung

Erfolg.

Die Funken waren bey jeder Berührung sichtbar, laut, und im Finger empfindlich; sie ließen sich auch oft wiederholen.

1. **Anmerkung.** Wenn der Luftelektrophor aufliegt, so beobachtet man nach fünf- oder sechsmal wiederholtem Aufsetzen der Trommel keinen Funken mehr; so bald man ihn aber in die Luft erhebt, dann sind die Funken beym Anrühren der Trommel hell und rasch.

2. **Anmerkung.** Die Funken sind ungleich groß, wenn man sich Luftelektrophoren, die aus verschiedener Materie sind, bedienet: jener aus Wollzeuge ist in diesem Versuche der vollkommenste.

Ein und sechzigster Versuch.

Diese unerwarteten (*) Erscheinungen machten alsobald meine Begierde rege, auszuforschen, welche Elektricität in diesem Falle der Luftelektrophor bekäme, der bey allen Versuchen noch die harzigte hatte; ich gab daher einem Elektricitätsforscher (er ist ein Korkkügelchen, so von einem Seidenfaden herabhängt) — Fig. 3. Tab. II. — mit einer Siegellackstange die harzigte Elektricität, setzte die Trommel auf den Elektrophor, nahm sie nach dem Berühren

wieder

von dem Luftelektrophor.

wieder weg, und näherte sie dem Korkkügelchen.

*) Denn ich konnte nach aller angewandten Mühe den Luftelektrophor ohne Reiben nie elektrisch machen.

Erfolg.

Das Korkkügelchen floh. —— Die Trommel und das Korkkügelchen haben daher gleiche Elektricität, d. i. die harzigte. (*) Der Luftelektrophor hat also in diesen Fällen die gläserne Elektricität empfangen. (**)

(*) Ich nehme hier als Grundsätze an: I. Zween gleich elektrisirte Körper fliehen vor einander. II. Entgegengesetzt elektrisirte Körper ziehen einander an, und umgekehrt.

(**) Man hat aus der Erfahrung, daß wenn die Trommel auf einen harzigt elektrischen Körper, z. B. auf geriebenen Harzkuchen gelegt wird, sie allezeit nach dem Berühren die gläserne oder positive Elektricität empfange. Wird aber die Trommel auf einen gläsern elektrischen Körper z. B. auf geriebene Glas oder Spiegelscheibe gesetzt: so empfängt sie die harzigte oder negative Elektricität.

1. Anmerkung. Hängt der Luftelektrophor frey, und liegt er nach seiner Fläche nicht auf, während daß man die Funken aus der Trommel des Harzelektrophors herauslocket; so bekömmt man etwan das erstemal, wenn man an des Harzkuchens Platz die Trommel setzet, einen lauten

Fun-

Funken, bey wiederholtem Aufsetzen wird man bald nichts mehr gewahr.

2. **Anmerkung.** Bey diesem Versuche kommen folgende neue Erscheinungen vor. Nachdem man den Funken aus der in die Höhe gehobenen Trommel herausgezogen hat, schlägt die Unterscheibe des Harzelektrophors beym Berühren zollange Funken. Läßt man den kleinen Finger von der untern Scheibe etwan fünf Linien abstehen, während daß der Daume von der nämlichen Hand die erhobene Trommel berührt, so wird die Hand schmerzlich erschüttert. Berührt man die Trommel, nachdem sie erhoben ist, alsdann die Unterscheibe, und endlich die wieder auf den Kuchen herabgelassene Trommel schnell auf einander, so erreget das in einem Trischlag klapfende Feuer Vergnügen und Verwunderung.

Fünfter Abschnitt.
Von Luftelektrophoren aus verschiedenen Materien und ihren Abweichungen von einander.

Bey der Anweisung zur Einrichtung des Luftelektrophors ist schon in der ersten Anmerkung gemeldet worden, daß sich statt Glanzleinwand, gemeine weiße oder un-
ge=

gebleichte zum Elektrophor anwenden lasse, daß auch Zeug und Tuch, Papier, Leder und Plüsch dazu brauchbar sey. Hier will ich nun etwas ausführlicher von ihren sonderheitlichen Wirkungen oder Abweichungen von einander Meldung thun.

In der Hauptsache kommen alle überein; nur an den Graden der Vollkommenheit in den Wirkungen sind sie meistentheils unterschieden.

Von jenem Luftelektrophor, der Glanzleinwand zur Fläche hat, ist nichts mehr zu sagen übrig, denn fast alle Versuche bis daher sind mit einem dieser Art angestellet worden. Ich will daher zu den übrigen übergehen.

Anmerkung. Oft ist es nicht möglich, den Elektrophor auf dem Ofen zu wärmen, und der Gebrauch der Kohlpfanne hat seine Unbequemlichkeiten. Ich habe daher das sogenannte Bügeleisen mit Vortheil angewandt.

Luftelektrophor
aus weißer und ungebleichter Leinwand.

Diese Elektrophoren haben alle die Eigenschaften zu den elektrischen Erscheinungen, wie eine

eine gefärbte Glanzleinwand, die Wirkungen erfolgen in ganz gleicher Vollkommenheit.

1. **Anmerkung.** Ich bediente mich gemeiniglich einer solchen gemeinen Leinwand, die abgeglättet und glänzend gemacht ward; denn wenn ich nicht sehr irre, so sind auf dieser die Füllkräfte ungleich rascher, und der Balg fährt leichter drüber weg.

2. **Anmerkung.** Ueberhaupt befördert die Wirkung beym Luftelektrophor ein frischer langhaarichter Katzenbalg oder eine Fuchsruthe, und die Ofenhitze. Im Sommer aber? — Beym Tage wärmet die Sonne, (Erster Abschnitt. *) in deren Abgange oder zu Nacht bedienet man sich einer Glutpfanne; denn wenn man den Elektrophor nur zweymal über das Kohlfeuer herschwinget; so ist er warm, wieder ausgetrocknet, und zu den Wirkungen ungemein thätig.

(Fünfter Abschn. vom Luftelektr. mit weiß.Oelein. Anmerk.)

Luftelektrophor aus Wollzeuge.

Die Einrichtung dieses Elektrophors ist wie bey einem andern: die Gestalt und Größe hat er, wie sie oben (Vers. 24.) beschrieben worden.

worden. An der großen Fähigkeit zu elektrischen Versuchen nimmt er sich (die Glanzleinwand ausgenommen) vor allen andern aus; denn die Wirkungen ersteigen am öftesten, ja schier zu allen Zeiten, den höchsten Grad der Vollkommenheit, wenn man sich dieses Elektrophors bedienet. Die herrlichen Erscheinungen, die man bey dessen Gebrauche gewahr wird, habe ich bey dem fünf und zwanzigsten und folgenden Versuchen angeführt.

Dieser Luftelektrophor weichet von allen andern, womit ich die Versuche angestellet habe, in dem hauptsächlich ab, daß er 1stens die wirkliche Elektricität sehr lang beybehält;

2tens das Wärmen am wenigsten nöthig hat, und daß

3tens die aufgesetzte und wieder erhobene Trommel allemal einen kleinen Funken schlägt, wenn der Elektrophor auch schon auf einem flachen Körper aufliegt; hängt er aber in der Luft, so übertreffen die ausfahrenden Funken an der Größe und an ihrem raschen Wesen alle übrigen, was immer für eines Elektrophors.

* Ich habe eine Rahme von der nämlichen Größe auch so eingerichtet, daß zwey Stücke Zeuges darüber ausgespannet waren; eines lag an der obern Seite der Leiste, das andre unten. Die Versuche gewannen aber nichts

nichts dabey: man vermisset vielmehr viele schöne Erscheinungen; doch gefiel mir dieser Versuch.

Zubereitung.

Ich stellte den Elektrophor senkrecht, rieb die eine Seite mit dem Katzenbalge, während daß ich die andre Hand mit gegen die andere Fläche ausgestreckten Fingern in einem Abstande eines halben Zolles gegen den Elektrophor hielt.

Erfolg.

So viele Finger angenähert waren, eben so viele Rosen wurden im Feuer vorgestellet, auf jener Seite, wo ich mit dem Balge über den Elektrophor wegfuhr.

Luftelektrophor aus Tuch.

Die Form und Größe dieses Elektrophors ist jener des Elektrophors aus Wollzeuge ganz ähnlich. Die Farbe ist schwarz.

Dieser Elektrophor ist so geschickt zu den Versuchen, als der aus Wollzeuge. Er behält die Elektricität sehr lang. Die aufgesetzte Trommel schlägt große Funken. Wird er auf einen flachen Körper aufgelegt, gerieben, und darauf in die Luft gehoben, so ist die Erscheinung

von dem Luftelektrophor.

mung vortreflich; die ausfahrenden Feuerſtralen an der Rahme herum machen noch mehrere Pauſen, als bey dem Elektrophor aus Zeuge. (Verſ. 25.) Wird er über einen Harzkuchen gelegt, ſo bekömmt er zwar eine Verſtärkung, doch bleiben viele Erſcheinungen aus, die man bey dem aus Leinwand gewahr wird. Die feurigen Roſen, welche man beym doppelten Elektrophor beobachtet, ſind auch bey dieſem ſichtbar. Seine Elektricität iſt, wie bey andern, harzigt.

Luftelektrophor aus Papier.

Ich ſpannte über eine zween Schuhe lange und anderthalb Schuhe breite Rahme blaues Papier aus, klebte ſelbes an den Leiſten feſt, wärmete es beym Ofen, und gar bald ward es ein Elektrophor.

Die Wirkungen dieſes Elektrophors fand ich im Vergleich mit andern ſehr ſchwach, und wenig abändernd.

Anmerkung. Stärker iſt die Wirkung von einem Elektrophor, der aus **Pappendeckel** oder über einander gepapptem **Papier** gemacht iſt.

nichts dabey: man vermisset vielmehr viele schöne Erscheinungen; doch gefiel mir dieser Versuch.

Zubereitung.

Ich stellte den Elektrophor senkrecht, rieb die eine Seite mit dem Katzenbalge, während daß ich die andre Hand mit gegen die andere Fläche ausgestreckten Fingern in einem Abstande eines halben Zolles gegen den Elektrophor hielt.

Erfolg.

So viele Finger angenähert waren, eben so viele Rosen wurden im Feuer vorgestellet, auf jener Seite, wo ich mit dem Balge über den Elektrophor wegfuhr.

Luftelektrophor aus Tuch.

Die Form und Größe dieses Elektrophors ist jener des Elektrophors aus Wollzeuge ganz ähnlich. Die Farbe ist schwarz.

Dieser Elektrophor ist so geschickt zu den Versuchen, als der aus Wollzeuge. Er behält die Elektricität sehr lang. Die aufgesetzte Trommel schlägt große Funken. Wird er auf einen flachen Körper aufgelegt, gerieben, und darauf in die Luft gehoben, so ist die Erscheinung

von dem Lufteleftrophor.

nung vortreflich; die ausfahrenden Feuerstralen an der Rahme herum machen noch mehrere Pausen, als bey dem Elektrophor aus Zeuge. (Verf. 25.) Wird er über einen Harzkuchen gelegt, so bekömmt er zwar eine Verstärkung, doch bleiben viele Erscheinungen aus, die man bey dem aus leinwand gewahr wird. Die feurigen Rosen, welche man beym doppelten Elektrophor beobachtet, sind auch bey diesem sichtbar. Seine Elektricität ist, wie bey andern, harzigt.

Lufteleftrophor aus Papier.

Ich spannte über eine zween Schuhe lange und anderthalb Schuhe breite Rahme blaues Papier aus, klebte selbes an den Leisten fest, wärmete es beym Ofen, und gar bald ward es ein Elektrophor.

Die Wirkungen dieses Elektrophors fand ich im Vergleich mit andern sehr schwach, und wenig abändernd.

Anmerkung. Stärker ist die Wirkung von einem Elektrophor, der aus Pappendeckel oder über einander gepapptem Papier gemacht ist.

Es zeigen sich etwan die Kometen, zolllange Feuerbürsten, und Ausfahren des elektrischen Feuers bey Annäherung eines Fingers, die Versilberung der Leisten, wenn der Balg daran vorbeyfährt, etliche kleine Funken beym Aufsetzen und Erheben einer Trommel; sonst ward ich fast nichts gewahr. Eine einzige neue Erscheinung entdeckte ich bey den Versuchen mit dem papiernen Luftelektrophor.

Zubereitung.

Man fahre auf der einen Seite des Elektrophors mit dem Balge auf und ab, und nähere der andern Seite den Finger bis zur Berührung.

Erfolg.

Den Berührungspunkt umfließen unendlich viele Stralen, die so viele Radien eines ziemlich vollkommenen Zirkels sind. Und in der That wird eine Zirkelfläche, die einen Zoll im Durchschnitte hat, gänzlich umstralet.

Anmerkung.

Wird kein Körper angenähert, so erscheinet auf jener Seite, die nicht gerieben wird, selten ein Fünkchen, oder sonst ein feuriger Stral.

Luftelektrophor
von Leder.

Man wähle ein durch den Gebrauch sehr abgetragenes Leder, z. B. das Kalbleder eines stark gebrauchten Sessels, spanne selbes über eine Rahme, und überfahre es, nachdem es wohl getrocknet ist, mit dem Katzenbalge. Die Wirkung ist über alle Erwartung.

Anmerkung. Leder darf eben nicht frey in der Luft hangen; selbes ist ein Elektrophor, wenn es schon auf einem Körper aufliegt.

* Aus Leder — wie ichs beschrieben habe — läßt sich ein sehr guter gemeiner Elektricitätträger verfertigen. Man überziehe von unten einen Schachteldeckel, der etwan 14 Zolle im Durchschnitte hält, mit starker Leinwand, fülle hierauf den innern Raum mit Roß- oder Kühehaaren aus, mache das Leder darüber, und bediene sich dieses Instruments, wie sonst eines Elektrophors. Schon wenn man mit dem Balge darüber fährt, sieht und hört man Funken, welche man bey einem Harzelektrophor entweder nie, oder nur gar selten, und alsdann nur sehr schwach gewahr wird. Die Funken, so der aufgesetzte Deckel oder die Trommel schlägt, sind laut, rasch, und mehrere Zolle lang.

** Man kann sich auch eines ledernen Sessels bedienen; denn dieser wird das, was man erwartet, leisten.

Luftelektrophor
aus Plüsch.

Dieser Elektrophor ist jenem aus Leinwand ganz ähnlich; nur dieses ist an ihm was

Es zeigen sich etwan die Kometen, zolllange Feuerbürsten, ein Ausfahren des elektrischen Feuers bey Annäherung eines Fingers, die Versilberung der Leisten, wenn der Balg daran vorbeyfährt, etliche kleine Funken beym Aufsetzen und Erheben einer Trommel; sonst ward ich fast nichts gewahr. — Eine einzige neue Erscheinung entdeckte ich bey den Versuchen mit dem papiernen Luftelektrophor.

Zubereitung.

Man fahre auf der einen Seite des Elektrophors mit dem Balge auf und ab, und nähere der andern Seite den Finger bis zur Berührung.

Erfolg.

Den Berührungspunkt umfließen unendlich viele Stralen, die so viele Radien eines ziemlich vollkommenen Zirkels sind. Und in der That wird eine Zirkelfläche, die einen Zoll im Durchschnitte hat, gänzlich umstralet.

Anmerkung.

Wird kein Körper angenähert, so erscheinet auf jener Seite, die nicht gerieben wird, selten ein Fünkchen, oder sonst ein feuriger Stral.

Luft-

Luftelektrophor
von Leder.

Man wähle ein durch den Gebrauch sehr abgetragenes Leder, z. B. das Kalbleder eines stark gebrauchten Sessels, spanne selbes über eine Rahme, und überfahre es, nachdem es wohl getrocknet ist, mit dem Katzenbalge. Die Wirkung ist über alle Erwartung.

Anmerkung. Leder darf eben nicht frey in der Luft hangen; selbes ist ein Elektrophor, wenn es schon auf einem Körper aufliegt.

* Aus Leder — wie ichs beschrieben habe — läßt sich ein sehr guter gemeiner Elektricitätträger verfertigen. Man überziehe von unten einen Schachteldeckel, der etwan 14 Zolle im Durchschnitte hält, mit starker Leinwand, fülle hierauf den innern Raum mit Roß- oder Kühehaaren aus, mache das Leder darüber, und bediene sich dieses Instruments, wie sonst eines Elektrophors. Schon wenn man mit dem Balge darüber fährt, sieht und hört man Funken, welche man bey einem Harzelektrophor entweder nie, oder nur gar selten, und alsdann nur sehr schwach gewahr wird. Die Funken, so der aufgesetzte Deckel oder die Trommel schlägt, sind laut, rasch, und mehrere Zolle lang.

** Man kann sich auch eines ledernen Sessels bedienen; denn dieser wird das, was man erwartet, leisten.

Luftelektrophor
aus Plüsch.

Dieser Elektrophor ist jenem aus Leinwand ganz ähnlich; nur dieses ist an ihm was besonders, daß die obere Fläche Plüschsammet, die untere Leinwand ist.

Schwebet dieser Elektrophor in der Luft, so bringet er alle Erscheinungen hervor, wie der Luftelektrophor aus Glanzleinwand; nur nicht so leicht läßt sich über seine aufgeworfene Fläche wegfahren.

Liegt er aber auf einem flachen Körper, so nimmt er sich von allen andern in dem aus, daß während dem Hin- und Herfahren mit dem Katzenbalge auf der Plüschfläche unzählich viele kleine Sternchen erscheinen, wie in der Milchstraße des Himmels. Und wird die Trommel aufgesetzt, so erscheinet auch alsdann ein kleiner Funke, wenn man sie berührt, während daß sie noch auf dem Elektrophor liegt. Erhebt man sie aber, so kann man Funken herausziehen, die Erstaunen erregen: sie sind lang, laut, hellleuchtend und rasch.

Hängt der Elektrophor frey in der Luft, und berührt man die untere Fläche, während daß auf der obern gerieben wird: so entspringet an dem Berührungspunkte eine Quelle von Feuer, einem Springbrunnen ähnlich.

Unterleget man statt der Finger eine durchbrochene Figur z. B. aus Holz gemacht, die einen Triangel vorstellet; so richtet sich die Er-

schei-

scheinung nach der Größe des Triangels. Ist der Triangel oder eine andere Figur ziemlich groß, so erscheinet ein brennender Triangel mit einwärts gerichteten Feuerbürsten. Ist aber das Dreyeck klein, so bekommen die Feuerbürsten eine umgekehrte Richtung, und sehen auswärts. Der zwischen den Schenkeln liegende Raum wird mit unzähligen Sternen besetzt.

Es ließen sich noch viele schöne Erscheinungen hersetzen: sie werden sich aber einem jeden beym Gebrauche des Luftelektrophors von selbst darstellen. Eines jeden Luftelektrophors Elektricität fand ich harzigt; wer findet wohl jene Materie, die zum Luftelektrophor taugt, und eine gläserne Elektricität hat? —

Anhang
von der brennbaren Luft.
Nothwendige Instrumente.

Bevor man an der Zubereitung der brennbaren Luft Hand anlegt, müssen folgende Instrumente in Bereitschaft seyn: a) ein Glaskolbe g h, (Fig. 9. Tab. II.) b) eine S förmige Röhre a b c aus Messing (*) (Fig. 10. Tab. II.) c) etliche mit Wasser angefüllte gläserne Flaschen f f f, (Fig. 11. Tab. II.) d) ein größeres wasservolles Gefäß p q, (Fig. 13. Tab. II.)

(*) Die

(*) Die Röhren aus Kupfer, wenn sie im Feuer gelöthet werden, sind die brauchbarsten.

Nothwendige Materien.

a) Gebranntes Vitriolöl, b) eiserne Feilspäne (*) c) warmes Wasser. (**)

(*) Die Späne vom Eisen sollen vom Staube und von anderm Unrathe rein seyn, sonst wird die Wirkung sehr gehemmet. — Von den verschiedenen Arten die Feilspäne zu säubern, ist noch immer jene die vorzüglichste und zugleich die leichteste, mit der man eine kleine Masse davon in einer flachen Schüssel schwingt, und den Staub wegbläßt. Die Reinigung durch Wasser hat mir noch allemal fehlgeschlagen, die Feilspäne werden jederzeit früher vom Roste ergriffen, als durch die größte Sonnen- oder Ofenhitze ausgetrocknet.

(**) Warmes Wasser scheint das Aufbrausen zu befördern, 2tens wird dadurch der Glaskolbe zur größern Wärme, die er annehmen muß, vorbereitet, und fähiger gemacht, die Hitze zu ertragen, 3tens wird dem Zerspringen des Glases, welches gerne beym Nachgießen des kalten Wassers erfolget, vorgebogen.

Zubereitung der brennbaren Luft.

Man legt die Röhre a b c (Fig. 13. Tab. II.) in das Geschirr p q, daß der Theil c herabraget, und der Theil a aufwärts sieht.

Auf die Röhre a b c wird bey a eine mit Wasser gefüllte Flasche f gestecket, und von jemand anderm gehalten.

In den Kolben g h (Fig. 9. Tab. II.) werden etwa vier Loth Feilspäne gelegt, auf diese geußt man beynahe drey Loth Vitriolöls, und endlich ein wenig vom warmen Wasser.

von der brennbaren Luft.

" Den Augenblick fängt das Brausen an.

Man stecke behend den Theil c der Röhre a b c in die Mündung des Kolben g h, und suche durch Hülfe eines Flachses, mit dem die Röhre a b c bey c umschlungen ist, den Ausbruch des aufsteigenden Dunstes zu verhindern.

Erfolg.

Die vermischten Körpertheile gerathen in eine schnelle Gährung, brausen gewaltig auf, und verursachen durch ihr Wallen einen Dampf, der auf das in der Röhre enthaltene Wasser, und mittelbar auf das Wasser in der Flasche so mächtig drückt, daß es seinen Aufenthalt verlassen, und dieser neuen Luft den Platz räumen muß: —— und eben diese neue Luft, welche nach Ausfluß des Wassers sich in der Flasche befindet, ist die **brennbare Luft**.

1. **Anmerkung.** Sobald die Flasche vom Wasser leer ist, wird sie mit einem Stöpsel verschlossen, und statt ihrer schnell eine andere aufgestecket (*); ist die zwote Flasche leer, so verfährt man wie zuvor; das gleiche geschieht bey der dritten und vierten, bis das Aufbrausen nachläßt, die in dem Kolben enthaltene Luft ihre Schnellkraft verliert, und unthätig wird, das Wasser aus der Flasche zu vertreiben.

(*) Bey dieser Zubereitung sind drey Personen so ziemlich nöthig; eine, die den Kolben hält; die zwote, welche die Flaschen von der Röhre abnimmt, und wieder eine andere aufsteckt; die dritte, so die mit Luft gefüllten Flaschen stöpfelt.

Wenn die gefüllten Flaschen wohl mit Stöpseln geschlossen — oder noch besser umgekehrt mit dem Halse in das Wasser gesenkt sind, so kann man sie mehrere Monate in ihrer Thätigkeit erhalten; nur läßt man selbe vor dem Gebrauche eine Weile in der Sonnenhitze, oder sonst nahe bey einer Wärme stehen, und warm werden.

2. **Anmerkung.** Der Glaskolbe muß alsobald, wenn das Brausen nachläßt, ausgeleert, und rein gewaschen werden, sonst setzet sich von innen ein Rost an, und verderbet den Kolben.

3. **Anmerkung.** Das Vitriolöl ist sehr behutsam zu traktiren; jeder Tropfen davon, der auf die Kleider fällt, frißt ein Loch; fällt aber einer auf die Hand, so darf man eilends mit Wasser löschen, sonst hinterläßt er eine Blase, und endlich eine ewige Narbe.

* Statt des Glaskolbens läßt sich sehr bequem ein zusammengesetztes Instrument aus Glas anwenden; man läßt nämlich in einer Glashütte Kolben und Röhre aneinander schmelzen. (Fig. 12. Tab. II.) Beym Gebrauche dieses Instrumentes wird bey o eine Flasche angestecket; durch die Oeffnung o schüttet man die Feilspäne, das Vitriolöl, und das Wasser; (Zubereit. der brennb. Luft. 3.) dann wird der Stöpsel in die Mündung o gethan. — Man sieht wohl, daß dieses Instrument den Unbequemlichkeiten, die sich bey der Röhre und dem Kolben (Zubereit.) äussern, nicht unterworfen ist.

Zube-

Zubereitung einer Pistole.

Man wählet ein dickes gläsernes Fläschlein, das unterhalb bauchigt, und oberhalb mit einem Halse versehen ist, nämlich eine Karaffine (Caraffe); man durchbohrt die Grundfläche desselben so, daß die Oeffnung etwan vier Linien im Durchschnitte hält.

Durch ein Haarröhrchen (Fig. 14. Tab. II.), welches beyläufig zween Zolle lang ist, wird eine Nadel a k, die unten in ein Knöpfchen k geht, gestecket, und durch Siegelwachs fest gekittet, so, daß die stumpfe Spitze derselben über das Haarröhrchen bey a hervorraget.

Dieses gläserne Röhrchen wird mit einer Stanniolstreife umwunden, daß der Stanniol bey m m etwan einen Viertelzoll ober dem Rande des Röhrchens anfängt, und bis auf ein Paar Linien zum obern Rande e hinaufläuft: bey m m werden zwo Stanniolstreifen m n, die vier oder fünf Zolle lang und einen halben Zoll breit sind, eingekerbet.

Dieses auf die beschriebene Art zubereitete Röhrchen schiebt man in das an der Grundfläche der Karaffine gebohrte Loch bis zum Anfange der Stanniolstreifen m, m, und macht es mit Siegelwachs fest.

Die herabhangenden Stanniolstreifen m n,

n, m n werben endlich durch Leim an die Bauchung der Paraffine fest geleimt. (Fig. 15. Tab. II.)

Eine Flasche von dieser Einrichtung ist eine **Pistole**.

* Die Ursache dieser Einrichtung mag die Zubereitung erleichtern. Innerhalb der Flasche muß die dünstige Luft durch einen elektrischen Funken entzündet werden; dieß kann nur alsdann geschehen, wenn das elektrische Feuer verdickt durch diese Luft fährt; (Theor. der Elektr.) es kann aber nie verdickt durch dieselbe fahren, wenn der Funke nicht aus einem mehr elektrischen in einen minder elektrischen Körper, und umgekehrt hinüberspringt. Nun aber erfolgt dieses bey der Pistole; denn wird auf das Knöpfchen k ein Funke elektrischen Feuers gelassen, und die Nadel a k mit elektr. Materie angehäuft; — weil die Nadel mit keinem Körper eine Verbindung hat —— so springt der Funke verdickt aus a in die Stanniolstreife e, und entzündet die Luft.

** Man bemerkt daher leicht, daß sich die Pistolen in Nebensachen von einander auszeichnen können: ich habe nur jene Art beschreiben wollen, die jedermann selbst ohne Mechanik zu seinem Gebrauche verfertigen kann.

Anmerkung. Wer den Knall höret, den die Losbrennung dieser Pistole verursachet, der geräth fast in Furcht, dieselbe wieder zu entzünden: und wenn man die Erfahrung hat, wie ich sie habe, daß diese entzündete Luft fähig genug ist, die Pistole zu versprengen, und mit den Scherben Wunden zu schlagen, so verliert man gar

den

den Muth, den herrlichsten Versuch zu wiederholen; ich habe daher ein neues Instrument machen lassen, das den Versuch verschönert, und von aller Gefahr schadlos hält; selbes ist eine **Kanone** von folgenden Eigenschaften.

Beschreibung einer Kanone,
welche die Stelle einer Pistole vertritt.

Die äusserliche Gestalt ist eine förmliche Kanone, wie selbe Fig. 6. Tab. I. vorstellet. Die Röhre D ist aus Messing, die Lavette sammt den Rädern sind von Holz; die Länge der Röhre D hält etwa 10 Zolle, der Durchschnitt 2 Zolle; die Lavette hat ihr Verhältniß zur Röhre.

Figur 16. Tab. II. zeiget den innern Bau der Kanone; die eyförmige Grundfläche p q hat in sich ein metallenes Röhrchen v e eingekittet, darinnen ein gläsernes Haarröhrchen fest ist, welches wie jenes bey der Pistole eine Nabel a K in sich schließt. Die Mündung w ist divergirend und so groß, daß füglich ein Stöpsel kann aufgesetzt werden: bey n n ist ein umgekehrter Trichter n o, n o angelöthet; n m, n m ist die Fortsetzung der Röhre p n, q n, so, daß p m, q m eine einzige ununterbrochene Röhre ausmachet: S S sind Verzierungen, bey x raget das gläserne Haarröhrchen (*) mit der Nadel a K hervor.

(*) Das Haarröhrchen wird mit Siegelwachs gänzlich überzogen, damit nicht etwa der auf K gelassene Funke sich in das Metallröhrchen v x oder in die Verzierungen S S ausbreite.

Anmerkung. Das Metallröhrchen v x vertritt hier die Stelle der Stanniolstreife. (Zubereit. der Pistole, Fig. 14. Tab. II.)

Die Ladung der Kanone.

Man füllet die Kanone mit kleinen Kernchen, z. B. mit Linsen, nähert ihre Mündung der Mündung einer mit brennbarer Luft angefüllten Flasche; oder vielmehr, man schiebt die Mündung des Stückes in die Mündung der Flasche, daß die Linsen aus selbem in diese herüberrollen.

Erfolg.

Die brennbare Luft weichet dem Eindringen der Linsen, und tritt statt ihrer in die Kanone ein, das ist, **ladet die Kanone.**

Die Art Pistolen zu laden ist die nämliche.

1. **Anmerkung.** Weil durch öfteres Laden der Kanone die brennbare Luft einer nämlichen Flasche mit reiner Luft immer mehr vermenget, und ihrer Brennbarkeit beraubet wird, so muß man bey der dritten, und bey den folgenden Ladungen die

Linsen

von der brennbaren Luft.

Linsen in die Kanone —— aus dieser wieder in die Flasche — und so einigemale hin und her rütteln, damit die Dünste, die etwan an den Linsen angeklebet sind, losgerissen, und mit der innerhalb enthaltenen Luft vermischet werden.

2. Anmerkung. Die Losbrennung der Kanone ist bey dem 37. Versuche beschrieben worden; man kann sie aber auch unmittelbar entzünden, wenn man mit einer Trommel des Luft=oder Harzelektrophors unmittelbar auf das Knöpfchen k einen Funken fahren läßt, während daß man die Kanone in der Hand hält. Wird das Knöpfchen K gegen einen Luftelektrophor gehalten, und wird auf der einen Seite mit dem Balge gerieben, so kracht die Kanone augenblicklich.

* Beym Losbrennen einer Pistole müssen die Finger der linken Hand allemal die Stanniolstreifen m n, m n (Fig. 15. Tab. II.) berühren, während daß der Funke aus der mit der rechten Hand erhobenen Trommel auf das Knöpfchen K hinfährt; denn sonst, wie jeder sieht, wird keine Wirkung folgen. (Zuber. einer Pist. * die Urs. dieser Einricht.)

3. Anmerkung. Wird die Ladung aus der nämlichen Flasche öfters wiederholt, so nimmt der Laut des Knalles beym viertenmale schon merklich ab: der fünfte und sechste Schuß macht schon
nicht

92 Anhang von der brennbaren Luft.

nicht mehr viel Lärmens, und selten läßt sich öfters aus einer nämlichen Flasche schießen.

4. Anmerkung. Wenn auch kein Stöpsel aufgestecket ist, so ist dennoch der Knall der Kanone gewaltig; doch befördert beym dritten und vierten Schusse der Stöpsel das Krachen.

* Das Losbrennen der Kanone ohne Stöpsel präsentirt mehr Feuers, ein großes Zimmer sogar wird dabey zu Nachts hell gemacht.

Erklärung

Erklärung der Kupfertafeln.
I. Tafel.

Fig. 1. AB das Gestell, woran eine Rahme a b c d durch die eisernen Bänder e e befestigt ist. D die Leinwand, welche über die Rahme a b c d genagelt ist. f g, f g die Stängchen, um die Rahme an den Ringen m m zu befestigen, wenn man selbe in die Höhe richtet, und ihr die horizontale Lage giebt.

Fig. 2. C das kleine Tischchen, worauf das leere Zuckerglas a steht. c b ist die metallene oder papierne mit Goldpapier überzogene Röhre, welche bey b in einem Klumpen Wachs fest steht. c d der Arm von der Röhre, welche bey d mit einer breiten Quaste versehen ist. c bey c ist eine Einkerbung, darein man die von der Decke herabhangenden Dräte stecken kann.

Fig. 3. A Vertritt die Stelle eines Tisches. b c ist das Gestell, so an seinem Arme b e die Glöckchen trägt. a f der von der Decke herabgeleitete Drat, welcher eine Verbindung mit der Glocke g hat.

Fig. 4. B Auf dem Tischchen B stehet c d das Viereck Fränklins. Auf der Goldfläche c f steht ein Soldat b, der gegen den andern a, welcher auf einem metallenen Blättchen e steht, das mit der Unterfläche des Glases verbunden ist, seine Röhre hält. e ist der metallne Stift, welcher mit Wachs fest gemacht und mit dem Drate c g verbunden ist.

Fig. 5. C Auf dem Gestelle C liegt eine Glasfläche e f, die biß auf einen Zoll dem Rande zu vergoldet ist, darüber liegen 2 kleine Figürchen; bey g ist sie mit dem Drate b g verbunden. a b ist ein Gestell mit einem Arme a c, daran eine Scheibe aus Metall d hängt.

Fig. 6. D Die Kanone im Kleinen, wie selbe Tab. II. Fig. 16. vergrössert vorstellet. S ein Soldat, der auf einer Glasfläche c d steht, mit der herabhangenden Kette f g eine Verbindung hat, und eine metallene Ruthe a b an das Knöpfchen c hinhält.

Fig. 7. Stellet die Decke des Zimmers vor, woran bey n, n, n, n Dräte an seidenen Schnüren befestiget hangen. a a, b b &c. sind die zu A, B &c. hingeleiteten und oben bey n befestigten Dräte oder Kettchen. Bey F, F, F, F werden die Dräte a m Fig. 3, c m Fig. 4. &c. eingehängt.

Fig. 8. Ein Thurm mit dem Blitzableiter.
Fig. 9. Ein Bergwerk aus Leinwand.

II. Tafel.

Fig. 1. Eine Verstärkungsflasche: c o die gläserne Röhre, die in der hölzernen Scheibe n o fest gekittet ist, e l ein Haarröhrchen, welches an einem Kettchen befestigt, und durch den Drat o g mit der innern Goldfläche verbunden ist. Wird das Haarröhrchen nach der Ladung auf die Scheibe n o her abgelegt, so ist die Verbindung mit der blechernen Röhre c a d b aufgehoben, und die Verstärkung, so zu sagen, gesperrt. Die hölzerne Scheibe ist mit Wachs oder Pech an dem Glase angekittet. Die Vergoldung reicht von innen und aussen bis zum h. Bey b wird b q, wenn man mit dem Harzkuchen oder

Erklärung der Kupfertafeln. 95

der mit dem Luftelektrophor Fig. 7. ladet, eingehängt. Dieser ist gewiß auch nicht der geringste Vortheil bey dieser Flasche, daß man sie auf einer bloßen Glasscheibe viel besser als auf Pech isoliren kann.

Fig. 2. e f die Schüssel aus Papier, o der Harzkuchen, g der runde mit Goldpapier überzogene Pappendeckel, der an den Schnüren c d erhoben und niedergelassen werden kann.

Fig. 3. Der Elektricitätforscher.

Fig. 4. Eine Verstärkungsflasche mit einer in die Höhe gerichteten Röhre.

Fig. 5. Der Name CARL, der im Feuer erscheint.

Fig. 6. B ein Tischchen, worauf die Verstärkungsflasche A steht, an deren Arme a b ein Kettchen b q herabhängt.

Fig. 7. Das Gestell — Tab I. Fig. 1. — dessen Rahme auf den Tischchen B, C ruhet, und durch die Riegel g h, g h befestigt ist. D der papierne Deckel — Fig. 2. Tab. II. —

Fig. 8. d e ist eine Stütze, die mittelst einer Schraube g erhöhet oder erniedert werden kann, i f ist von der Art. c der Ruhepunkt, um den sich der Hebel a b bewegt. i eine eiserne Schraube, dadurch das Instrument fest gemacht ist.

Fig. 9. Ein Glaskolbe.

Fig. 10. Die Röhre aus Kupfer oder Messing.

Fig. 11. Gläserne Flaschen.

Fig. 12. Ein Glaskolbe, woran eine gläserne Röhre a c geschmolzen.

Fig.

96 Erklärung der Kupfertafeln.

Fig. 13. p q ein Geschirr voll Wassers, f die Flasche, so an die Röhre a b c gesteckt und mit ihrer Mündung untergetaucht ist, a b c die im Wasser liegende und bey q hervorragende Röhre, welche in die Mündung des Kolben g h läuft.

Fig. 14. Ein gläsernes Haarröhrchen, worinnen eine Nadel K a fest gekittet ist, selbes ist von e zu m mit Stanniolstreifen umschlungen. m n, m n sind die hervorhangenden Stanniolstreifen.

Fig. 15. Eine Pistole, a K das Röhrchen von der nämlichen Einrichtung als Fig. 14. m n, m n die an der Bauchung des Glases angeleimten Stanniolstreifen.

Fig. 16. Die innere Einrichtung der Kanons,